U0086028

改變世界・改變自己

Change & Transform

Change & Transform

想 改 變 世 界 · 先 改 變 自 己

富裕，

屬於口袋裝滿快樂的人

22堂吸引財富和幸福的能量課程，讓整個宇宙動起來幫助你!

暢銷
新裝版

A
HAPPY POCKET FULL
OF MONEY

INFINITE WEALTH AND ABUNDANCE IN
THE HERE AND NOW

《祕密》創意導師 大衛‧卡麥隆‧季坎帝 David Cameron Gikandi 著　謝佳真 譯

　　收到《富裕，屬於口袋裝滿快樂的人》一書時，不得不佩服宇宙的「共時性」，一切都是最好的安排。上午不經意地想起李茲文化的總編，回頭開信就收到此書的推薦序邀請。當時，手邊正忙著準備本年度唯一一次的「形而上」課程，卻很驚喜地發現《富裕，屬於口袋裝滿快樂的人》一書裏，用量子力學將形而上的「心想事成」解釋得非常的精闢且易懂。

　　在我課程中有個「時間折疊」的手法，幫學員找到空性，活出自己的時間軸，如此一來，處事充滿效率，進度不僅可以達標，甚至可超前，進而創造更多的順境與富裕。學員常抱怨這樣的概念太抽象，卻發現書中的第三章「時間的真相」裏有著恰如其分的說明，教讀者如何活在「當下」，活出「空性」，也唯獨如此，才能全然地展現好的「意、言、行」，讓每一分、每一秒的精彩表現，去接軌心想事成的「未來」情境。富裕與豐盛，需要內外兼顧才會彰顯，鄭重向大家推薦《富裕，屬於口袋裝滿快樂的人》這本好書，時時閱讀，據以力行，心想事成的幸福頻率就會源源不絕。

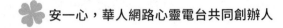 安一心，華人網路心靈電台共同創辦人

這本書中提到：「想法和信念是左右生命體驗的實質能量。金錢是你我內心裡某一部分的內在價值於外的具體呈現。我們的內在價值創造金錢。金錢是我們內在價值的影子。開發你和別人的內在價值，你的外在金錢和富足便會隨之上揚，自動增加，絕無例外。金錢的那一部分內在價值，就稱為富裕意識（wealth consciousness）。富裕意識是向每個人公平開放的，每個人都可以培養內的富裕意識。你內在蘊藏的富裕額度大到保證你一輩子用不完。不必擔心你的財富會有上限，或為任何會發生的狀況而擔憂焦慮。你也不用知道怎樣將富裕意識變成鈔票，你會看到那將自然發生。你唯一需要做的是擴充富裕意識並善加運用，依據這份意識行事，成為富裕意識的化身。接著，可以讓你把富裕意識轉換成等值現金的情況和機會，便會自動出現在你面前。知道自己和「一切萬有」（All That Is）、「本源」（Source）之間的關係，體驗這層關係將會給你無比的喜悅和豐盛。

過去二十多年，我深深體會出這段話的奧義，而且也正在實驗、實踐擴充富裕意識的道理與方法。的確，只要看得見自己的天賦潛能，將「對於自己的定義」對焦在豐盛喜悅的頻率帶上，就能從匱乏的荒漠瞬間轉向富裕的本源！

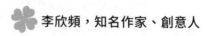 李欣頻，知名作家、創意人

「你要什麼？」「我要錢！」「錢能為你帶來什麼？」「房子、車子、精品，要什麼有什麼！」「有了這一切會為你帶來什麼？」「快樂呀！」這是我跟學員的對話。是的，一切的追尋，最終希望擁有的就是快樂。既然如此，為何不一開始就直接走入快樂？

　　本書讓我們一窺富裕的究竟。太多有錢人，不要說快樂，連平靜都談不上。想了一輩子的財富，就算到手，痛心疾首的人大有人在。

　　如何擁有快樂？如何看著快樂為我們的生命加分？懂的人著實不多！藉著本書幫助我們好好檢視自己，看看我們離快樂、富裕到底有多近。

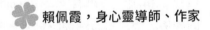 賴佩霞，身心靈導師、作家

你快樂嗎？我很快樂！ 當快樂能夠琅琅上口，將吸引更多人願意親近，因多數人們都以追求快樂為目標，因此成為一個快樂的傳播者，將為自己帶來更多機會。

　　當你的個人專業與價值又能符合人們的需要，更將透過交換取得你想要的財富。 也因此「富裕，屬於口袋裝滿快樂的人」這句話是真確的，因為快樂吸引人靠近，你的口袋如再提供專業與價值，符合這兩個條件，你將為自己帶來的富足心靈與物質，不再擔憂匱乏。

　　所以你快樂嗎？你可以很快樂！

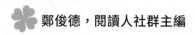

鄭俊德，閱讀人社群主編

目錄

我因為《祕密》影片和線上課程而在吸引力法則的領域闖出名號，在那之前很久，我，就如同許多人一樣，是個追尋者。我苦尋改善人生的方法。

偶然間我聽說了人類「創造自己的實相」這樣的概念，我們可以憑藉自己的意圖，決定自己的人生體驗！這可挑起了我濃厚的興趣。

隨後多年，探索這些概念的書籍我看過不知凡幾，也聽過一個鐘頭又一個鐘頭的錄音課程。我閱讀關於觀想和冥想的資料。其實，我看的書很多都會被歸類為形而上學或新世紀。我對新世紀的資訊絕對沒有意見，可是一部分的我卻覺得那些動聽的概念實在無法滿足我。

我需要實證。

倒不是說我不相信自己所看的書。在理智上，我完全可以理解觀想和冥想這類工具為何可以多少改善生活的情況。然而，我的親身試驗卻不見效，實在令人氣餒。

我研究這些東西都那麼久了，不僅如此，我還想教導別人如何運用這些原則。我製作錄音課程，有時也授課，希望以教導別

人「設計自己的人生」為業。

　　當然，問題在於我還沒辦法完全實現那些概念。我仍然缺了一些必要的資訊，才能落實我在大腦層次對這些概念的理解，並且看到成效。

　　結果不大成功，即便到了今天，我仍然相信自己教的內容很精確，只是缺了一些環節。我得先自己找到這些環節，才能指導別人扭轉人生。

　　我的財務拮据到令我終於醒悟自己該做的事，就是停止拚命嘗試。我一直教人只要放手讓「宇宙」做工，宇宙便會為你搞定一切。但其實我不是真的懂那怎麼行得通！

　　基本上，我決定遵循自己傳授別人的道理，也就是聆聽自己的直覺，憑著直覺行動。這表示我必須釐清自己想要什麼生活，之後，或許可以說是尋找下一步該做什麼的徵兆。起初這十分困難，因為我被引導去做的事怎麼看都跟我的目標不相干。儘管如此，我依然遵循這些指引，結果走上一條徹底改寫人生的路。

　　細節就不說了，總之一連串鼓舞人心的對談跟「偶遇」讓我發現了大衛・卡麥隆・季坎帝（David Camoron Gikandi）的《富裕，屬於口袋裝滿快樂的人》（*A Happy Pocket Full of Money: Infinite Wealth and Abundance in the Here and Now*）。那時候，這本書只能從網路上下載電子書，當我看到書中涵蓋的主題，心中不是只有小小雀躍而已。書裡的內容一網打盡了我對「創造你

的實相」這回事的所有疑問和遭遇的難題，我立刻下載了電子書，迫不及待想要細讀。

我的心智在各層面都大開眼界，因為這本書確實為我補齊了所有失落的環節。連我沒意識到自己需要知道關於「科學」層面的事都談了！

那是我第一次了解自己的想法和信念的實際威力，讓我悟出，想法和信念是左右我生命體驗的實質能量。這本書讓我一清二楚地看到我為了追求成功而庸庸碌碌、做東做西，但我對金錢和成功的實際信念卻是「錢很難賺，怎麼賺都不夠」，因為我從小到大的一貫經驗就是如此。我突然明白了這些信念深深箝制了我的能力，干預我做事，讓我跟這輩子想做到或擁有的事物無緣。

這本書對量子物理學的討論頭頭是道，淺白易懂。赫然間，**創造自己的實相不再是新世紀的說法；實際上，那是我們每天時時刻刻都在做的事。**

彷彿就在一瞬間，我對自己接下來該採取什麼行動了然於心，也清楚知道怎麼實現自己協助別人了解這些概念、進而扭轉人生的願景。

我立刻想到要製作線上課程，以便向世界分享大衛的著作，於是我聯繫了他，問他願不願意讓我將他的書納入我們的「錢多到沒天理」課程（順帶一提，這是拜他的書所啟發的課程，若沒有他的書，絕不會有這門課！）。

他答應了，這令我一輩子感激。

從那時候起，我便很榮幸地和數以千計的人分享《富裕，屬於口袋裝滿快樂的人》，看著書中傳達的理念在他們身上發揮類似的效果。大衛以卓越的溝通能力闡述宇宙真實的運作機制，教人如何善用這些知識，活出神奇的人生，打開了世人的眼界。

我的成功、我的事業、我改寫無數人的人生、我得到不可思議的機會（例如在《祕密》中亮相），全都多虧了大衛以及你此刻拿在手上的這部奇書。我將大衛視為朋友，也是極少數我真心視為精神導師和英雄的人物。

這本書跟我讀過的其他個人成長書籍有天壤之別。

《富裕，屬於口袋裝滿快樂的人》將顛覆你的世界。

祝各位玩個痛快！

包博・道爾（Bob Doyle）
（本文作者為《祕密》導師、《祕密的五個練習》作者）

01

金錢是幻相，
是其他事物的影子

我是富裕。我是豐盛。我是喜樂。

擁有富裕的第一步是認識富裕。很少人知道富裕的真實本質。富裕是什麼？為什麼會富裕？這個原因背後的起因又是什麼？金錢在這個世界上是富裕的象徵，我們就從金錢開始談起，然後慢慢深入。

　　金錢不是真的。

　　金錢只是法定貨幣，是一種交換的形式。我們用金錢交換價值。金錢代表價值。

　　金錢是價值的「實體」，是個人價值、內在價值上升或下降的物質呈現。不是外在「事物」的價值起伏，而是我們內在的個人價值。要是我們不在了，汽車之類的東西會值多少錢？一文不值，至少對我們是如此。也就是說，**事物的價值是我們這些「觀察者」賦予的，然而那其實是我們內在的價值，也就是我們賦予物質事物價值**。物質的事物本身沒有「金錢」價值，那是我們給予的。因此，金錢是你我內心裡某一部分的內在價值於外的具體呈現。也因此，今天價值一百萬美元的一棟房子或股票，若當事人心生恐懼，明天價值可能就會跌成五十萬。恐懼會折損當事人一部分的內在價值，然後反映在鈔票上，亦即價值的「實體」。

　　還有一件事：實際的紙幣根本沒有等額呈現全部的金錢。要等額呈現是不切實際的。據估計（各國不一），銀行裡的錢只有四％這麼低的比例具有貨幣的實體。想像一下，全世界要用掉多少棉、麻、紙漿、金屬才能把每個人銀行戶頭的金額製作成貨幣；想想要多少空間來存放這麼多的紙幣

和硬幣。

　　假如用美金一元鈔票堆錢，只堆一百萬就有一噸重，一百一十公尺高。同理，金錢也不再以黃金準備的形式存在，從一九七○年代起，維持金本位制度就超出我們合理的能力範圍了。

　　那我們老是掛在嘴上的錢，到底以什麼形式存在？其實，那是一個巨大的幻相。金錢只是一堆以紙張和電腦儲存裝置記錄的數字，分別登記在個人、企業、投資群體的名下，說得更精確一點，那又是一個幻相！換個方式說明，每一百元美金或任何等值的其他幣值，只有大約四美元以印行的紙鈔或硬幣形式存在，其餘的九十六元僅僅是銀行、企業跟其他機構裡記錄在紙張和電腦上的數字。這套系統沒有崩毀完全是仰賴大家的信心。上一次有很多人停止相信這套系統，是在經濟大蕭條前夕，當時大批人潮湧進銀行提領存款，卻不是每個人都能如願。這不是經濟大蕭條的成因，卻令蕭條加速發生。

　　所以說，錢不是真的，其他事物才是真的。金錢只是這些事物的影子。**富裕的第一步是認識金錢的真貌，講得精確一點，是了解金錢代表了什麼。**學會不要老是關注金錢。你很快就會知道，只有在少之又少的情況下，你才需要把錢當成你現在認知中的那個東西看待，亦即現金、銀行存款、花費等等。這些只是影子，不是真貨。不久你就會明白，關注這些影子、金錢的實體，對你和你的財務非常不智，也不健康。

你還不如去關注你和別人的內在價值，以及內在價值在人群之間的流動和交換。**是我們的內在價值在創造金錢，金錢是我們內在價值的影子。開發你和別人的內在價值，你的外在金錢和富足便會隨之上揚，自動增加，絕無例外。**

　　但要知道一件事：金錢代表一個人內在價值的一個層面，不是這個人的全部內在價值。這很重要，這跟個人價值沒有關係，金錢只代表一個人內在價值中與財富相關的那一面。所以，你不能說一個富人的個人價值和內在價值超過窮人。但如果你說富人在金錢相關事物及意義層面上的內在價值比較高，或者說富人選擇動用比較多該層面的內在價值，那你的說法是正確的。而在你動用後便能化為外在金錢的那一部分內在價值，就稱為富裕意識（wealth consciousness）。**富裕意識是向每個人公平開放的，誰都可以培養每個人內在都有的富裕意識。**就像空氣等等維繫我們生命的一切重要元素，富裕意識免費向所有人敞開。但你可以選擇要不要開發它、運用它。你可以隨時改變選擇，任何外力都無法攔阻你。

　　你不需要任何外在的事物來提高你的富裕意識，進而增加你的金錢。你所需的一切現在就存乎於你的內心。你或許忘了它，但它就在那裡。從現在起，你會重拾記憶。第一步是隨時記住錢不是真的；錢是其他事物的影子。

　　再說另一個祕密：富裕意識只是向本我（Self）的富裕區塊拓展意識與覺知（awareness）。所以說，**提升富裕意識所需的一切全都在你內心。你本來就是富裕的，只是你接受**

的教養讓你選擇不去體驗富裕。這個洞察足以逆轉局勢。就像富人一樣，你現在可以學會怎樣開始體驗富裕版的你，並且選擇這樣做。

你內在蘊藏的富裕額度大到保證你一輩子用不完。不必擔心你的財富會有上限，或為任何會發生的狀況而擔憂焦慮。你也不用知道怎樣將富裕意識變成鈔票；等著瞧吧，你會看到那將自然發生。你唯一需要做的是擴充富裕意識並善加運用，依據這份意識行事，成為富裕意識的化身。接著，可以讓你把富裕意識轉換成等值現金的情況和機會便會自動出現在你面前。如今富甲天下的人在他們不富裕的時候，絕不可能預測並按照精確的順序規劃那一連串帶領他們走向驚世巨富的事件。他有的大概就是一組目標跟一個計畫，但他們隨便任何一個人都會告訴你，他們遇到數不清的「巧合」和機會，以他們打死都想不到的方式「被巧妙地串連起來」。他們的目標是自己設定的，但帶領他們在如願以償之後繼續超越目標的路徑卻出奇巧妙，而且都是事前料想不到的。現在你會知道怎樣讓同樣的事發生在你生命中。你或許不能預測這些事的順序，但你絕對可以讓每一天的生活都出現這些「幸運的巧合」。

對了，不是只有紙幣不是真的。許多周遭你認為真實存在的事物根本不是真的。你即將展開一趟賦予你力量並解放你的美麗旅程，這趟旅程會向你揭露世界的真貌，全盤翻轉你看待世界的方式。這趟旅程將打開你的眼界，解開你被縛

住的翅膀。你即將看見生命的「葫蘆裡賣什麼藥」，學到如何隨心所欲地打造自己的世界。

你即將取得富裕意識。一旦擁有了以後，你想不成功、不發財都很難。對，你沒有看錯。一旦有了富裕意識，想不成功、不發財難如登天。你走到哪裡，成功和財富都會自動跟著你。不用尋尋覓覓，成功和財富就會自己來找你。你將可以自由體驗生命其他面向，甚至是你做夢都想不到的層面，那些關於本我及生命無比神奇的層面。還有快樂，你也會在本書看到關於快樂的討論。

如果你還有興趣，我們現在就開始進入正題。

擁有富裕和快樂的步驟

現在你即將起啟程，在旅程結束時你會知道如何創造你想擁有的財富和快樂，就在現在，不再有任何限制。你也會很快知道許多關於你是誰、你在人間做什麼，以及這場生命大戲究竟是怎麼回事的不朽真相。以下是你現在要跟隨本書一起踏上的旅程階段：

▷首先你對量子物理學會有概略的認識，了解是什麼構成你和這個世界，這是了解如何讓世界依照你心意行事的第一步。之後，你看待世界的眼光將會永遠改變。你會

深刻體會到自己是宇宙的一份子，認識自己在宇宙中掌握的力量。

▷然後揭開關於時間的祕密，從時間並不存在的事實開始。你會學到怎樣利用時間的幻相，不再被它利用。永遠只有「現在」。

▷之後你會學到如何透過心智畫面，運用量子場創造你的宇宙。這是創造課程的第一部分。

▷下一步，是學習用想法創造實相。你將學會正確的思考方式、心智的真正用途，以及何時應該為了自己的福祉「關閉心智」。

▷接著是討論設定目標的真正力量，這可能是你聞所未聞的角度，而且是以一種最有力的角度切入。

▷再來是最強大的創造工具，亦即你的存在狀態（Being）。

▷接著要談最後一項創造工具：行動，並披露行動的實際地位和目的。

▷隨後，你會學到保持篤定是創造神奇必備的要素，並學會怎樣滿懷篤定。

▷之後是介紹宇宙的根本法則，以及你如何利用它獲得豐盛的快樂和財富，也就是因果律。

▷解釋因果律的時候，我們會一併說明你遇到的「情況」究竟是怎麼來的。這將撼動你，讓你想笑，同時給你力量，也解放你。

▷ 在討論情況的時候，你會認清自己的狀況，了解成功永遠都在，不會失敗。

▷ 接著要看財富和快樂的頭號殺手，並學會徹底避開它們。

▷ 隨後的主題會愈來愈大。首先是你自己選擇的人生目的。你為何來到人間？到時你就知道了。

▷ 之後，施予有什麼好處，以及施予會送還給你的禮物，都會毫無保留地告訴你。

▷ 至此，揭露感恩力量的時候到了。感恩對你的影響無與倫比，日後自有見證。

▷ 最後，就該來談談意識，是意識令你覺知到此時此地。

▷ 隨後的主題非常有意思。我們要談談你的「本我」，也就是你世界裡一切事物的第一起因（First Cause）。等你跟你的本我混熟以後，你的世界將大為改觀。

▷ 之後，你就會看到什麼比本我更龐大，你和一切事物都隸屬於其下，也就是「一」（One）。知道自己和「一切萬有」（All That Is）、「本源」（Source）之間的關係，體驗這層關係將會給你無比的喜悅和豐盛。

▷ 說到這，你應該看看自己實際上多麼豐盛。

▷ 然後，你將會檢視自己真正的本質，並學會如何重拾那份本質。你的本質就是純粹的喜悅。

▷ 之後便回到起點，這時你已經認識了鈔票的真面目，你會明白怎樣處置鈔票最妥當，使富裕升級。

▷在旅程的這一部分結束時，我會提供你在讀完這本書之後，緊接著可以採取哪些有力的步驟。

如何閱讀和使用本書

讀懂這本書的方法是先從頭到尾看一遍。讀的時候可能會有滿肚子疑問，甚至在閱讀的當下，可能會覺得有些東西莫名其妙。這並不礙事，只管往下看。隨後的章節或許會闡明你在前面章節不能理解或覺得違反事實的內容。語言是線性的，富裕意識卻是整體的，且是一個非線性的整體，步驟一可能會連結到步驟七。富裕意識是一種存在狀態，語言則是一種象徵符號。狀態必須被體驗，而象徵符號不能精準地代表體驗。語言只指出方向，是一種引導。因此當你閱讀本書的時候，會發現很多你在當下便明白的精彩道理，但只有在你讀完整本書，了解完整的觀點以後，你的理解才能通透。到時你才會開始說：「啊哈！」

讀完整本書以後，再慢慢重讀一遍。讀第二遍時，你的理解會更全面，因為這時你已具備完整的觀點。你會發現書中的內容包含許多層次的理解。你今天讀的內容，會在你明天重讀時揭開更深層的隱藏真相、運用方式及認同。即使你已經讀完一遍，每天還是要再讀一點本書的內容，把財富和快樂融入內心，讓你更快一點變得富裕和快樂。

別用理智閱讀，去感受本書的教誨。書上有些內容符合邏輯，但很多內容涉及了邏輯不能全面掌握的領域。不過，你的本我知道那些事，而且懂得很透徹。閱讀本書時請敞開心胸，感受書中的精髓。很多東西是大腦不能理解的，因為大腦有其侷限，只感知得到四個維度。只有你的本我知道這些事，因為它的本質是多維且無限的。有時你會覺得自己內心深處懂得這些道理，你的心智或許一頭霧水，心底某處卻能深刻感悟。尊重那更深的層次，反正你的心智或許一輩子都想不出個所以然。無論如何，**你的心智是工具，但所有你知道的事物都在你的本我裡面。只要你的心智不凌駕你，你就是配備了強大心智工具的本我。**可惜，絕大多數人都認同他們的心智，相信他們的心智就是他們，而這就是麻煩跟侷限的起源。現在，你該把層次拉高了。

　　閱讀這本書，並將它放心上。活出書中內容所說的，金錢、富裕、豐盛便會依據屢試不爽的法則，以你覺得不可能的方式和數量湧向你。盡可能隨身攜帶本書。擺在床頭，每天晨起和就寢前都讀個幾分鐘。看完一遍，再從頭來過，每天都看幾頁。反覆閱讀可潛移默化，成為你的第二天性。

　　對於這本書，你願意懂多少，就會懂多少。

　　準備好了嗎？還感興趣嗎？我們啟程吧。

02

量子物理——
你跟這個世界是由什麼構成的？

我是富裕。我是豐盛。我是喜樂。

你或許會納悶量子物理跟財富和快樂有什麼關係。其實，你最好相信是息息相關！如果你不知道房子的建材和建造方法，要怎麼蓋房子？

量子物理學首先會說明你世界裡的每件事物是怎麼來的。**你直接控制你的整個物質世界，只是你未必知道而已。**不知道物質是怎麼來的以及你在其中扮演的角色這個事實，令你覺得人生似乎是不受你控制的事件。你可能覺得自己被外境欺壓，但其實外境是你自己造成的，包括你體驗到的富裕或匱乏。

量子物理學將會啟動你即將經歷的神奇覺醒，讓你踏出第一步。你不但會明白你周遭一切事物的建構方式，還會確切了解你的信念和想法怎樣創造事物，種瓜得瓜，以及為什麼「早在你們祈求之前，便已成全你們了」。[1] 科學終於跟上了靈性知識和常識，而且說得出背後的道理！想想看吧，當人家說「只要肯相信，凡事都可能實現」，[2] 假如你知道自己的信念如何使宇宙開始製作你相信的事物，而且每個步驟都有科學解釋，難道你不會更容易相信這種說法嗎？

了解量子物理學的基本道理（也只需要懂最根本的部分）

---

1. 路加福音第十一章第十節：「凡祈求的，就得著。」馬太福音第六章第八節：「你們沒有祈求以先，你們所需用的，你們的父早已知道了。」兩句合併，就是早在祈求之前，一切便已得到成全。
2. 馬可福音第九章第二十三節：「你若能信，在信的人，凡事都能。」

的好處，是你總算可以清楚信念（faith）、正向思考之類的強大概念如何運作。這份心領神會和理解，這份了然於心，讓你可以擁有全然的信心，排除疑慮，懷抱著清明的自覺，漂亮而有力地創造自己的實相，同時在許多方面，力量都更強大。

量子物理也讓你知道我們都是相連的，我們全是一體的（One Being），只是一直活在每個人都是獨立個體的幻相裡。量子物理也讓你一窺精神力和物質如何相連，心智和物質如何互動，我們真的在創造世界，而且是跟神攜手創造。到本章結束及隨後四章，你會驚訝於原來自己的力量那麼大，宇宙這麼神奇，而且創造出任何你選擇的結果是多麼容易。

但首先，什麼是量子物理？量子物理學研究宇宙的基本建材。例如，你的身體由細胞組成。細胞由分子組成，分子由原子組成，原子則由電子等等次原子粒子組成，這是量子物理的世界，每件事物都由「大群」次原子粒子組成。你的身體、一棵樹、想法、一輛車、一顆行星、光及其餘的一切都是「集中」的能量。萬物大致上就是大量相同類型的次原子粒子集結而成的。差只差在這些粒子以不同的組合方式構成愈來愈大的基礎建材。了解其運作方式，是了解你如何重新創造自己及周遭世界的關鍵。

正確說來，次原子粒子跟一粒沙子是一顆粒子的狀況其實不一樣。原子和較大的粒子是物體或東西，但次原子粒子不是那樣的物體，而是「**各種可能的存在形式**」，同時是「**多**

重存在」的。次原子粒子同時具備波和粒子的特性。到了本章結束時，你會明白這些話的意思。

量子物理學研究的問題是：這些次原子粒子是什麼？有什麼行為？次原子粒子是有時稱為量子的能量封包。**宇宙萬物都是能量構成的，而這些能量封包的行為神奇得不得了，它們會遵從我們的命令！例如，它們將自己排列成豪華船隻，是因為我們的個人和集體思維。**現在你開始看出富裕跟量子物理的關連了嗎？截至目前為止，你設計自己世界的方式可能一向都很漫無章法或出於下意識。現在你將會覺醒，慎重且方向明確地去設計自己的世界。

認識量子物理學

你的身體是什麼構成的？組織和器官。組織和器官是什麼構成的？細胞。細胞是什麼構成的？次原子粒子。次原子粒子是什麼構成的？能量嗎？不是。次原子粒子不是由能量構成，其本身就是能量。**你是一大「團」能量。其他事物也是。靈和心智將這股能量聚合成你看慣了的實質形體。**

❀　*我 是 富 裕 。 我 是 豐 盛 。 我 是 喜 樂 。*　❀

量子物理學告訴我們，觀察物體的行為令物體以我們觀

察它的方式出現在當場。次原子粒子就是構成原子並進而構成物質的能量，這股能量以波的形態橫跨時空，只有在你觀察時，這些波才會在時空事件中變成固定的粒子，亦即在特定「時間」和「空間」存在的粒子。一旦停止觀察，這些粒子又恢復成波。因此在你看的時候，**你的觀察（你對某樣事物的注意力和你的意圖）實際上就在時空事件裡創造了那樣事物。**這是科學。在其他章節，我們會看到怎樣聚焦、專注、守護你的注意力、意圖和思想，以便精確地創造出你要的實相。

❧ 我 是 富 裕 。 我 是 豐 盛 。 我 是 喜 樂 。 ❧

堅實的物體都不是堅實的，而是由快速閃動的能量封包構成。數十億、數兆的能量封包，這些能量封包在「物體」所在的位置閃現並閃滅。它們不是一直都在那裡。現在我們知道物體其實是快速閃動的能量場，那為什麼人體或汽車看起來像持續存在的堅實物體？你想一想動畫的畫面。看電影時，你看到一個人以流暢的動作走過銀幕，但實際上那只是每秒鐘以二十四格畫面的速度閃過你眼前的一連串影像，每個畫面都略有不同，你的眼睛察覺不到每格畫面之間的空隙。每一格畫面都由數十億的光子以光速閃動構成。這就是你的世界，造成「實體」和「持續」幻覺的迅速閃動。**一旦你明白自己世界的真貌，你便開始了解世界的真實行為和本質。接著，你便能改變對世界的觀點。觀點一變，你就能扭**

轉你的創造。這是富裕的第一步。

❇ 我 是 富 裕 。 我 是 豐 盛 。 我 是 喜 樂 。 ❇

　　每位物理學家都同意一件事：次原子粒子，亦即那些能量「封包」或者說量子，不是在特定時空的粒子，例如一張桌子或椅子，而是可以存在於各個時空點的可能性。我們觀察粒子的舉動，令粒子在特定的時空變成粒子的「實體」，一旦我們停止觀察，粒子又變成可能性。想像你家客廳的椅子是一個龐大的次原子粒子。那它的行為是：

　　你不在家而且沒有想著這張椅子時，它會「消失」，變成可以在你家客廳或宇宙任何位置「重新出現」的可能性。

　　當你回到家裡，想坐在客廳裡某個特定位置的椅子上時，你朝那個定點找椅子，椅子便會神奇地出現！

　　這不是幻想的神奇故事，次原子粒子的行為就是這樣！

　　驚人的是，所有物質都是大量的次原子粒子構成的。因此，所有的物質行為模式就跟一大群次原子粒子如出一轍。一張椅子「在那裡」是因為我們都看過它在那裡，判定它在那裡。它並非徹底獨立存在。任何物質都不能在沒有觀察者的情況下獨立存在。正如同有些科學家的說法，如果宇宙裡每個人跟所有事物都停止看月亮，也沒有想到月亮，就不會有實體的月亮存在，而月亮將只是存在的可能性。觀察的行

為令可能性變成確切的實體，而月亮出現在同一世界其他地方的可能性則變成零。持續注意月亮令月亮持續存在，於是就形成了實體的月亮一直都在那裡的幻相。

❀ 我 是 富 裕 。 我 是 豐 盛 。 我 是 喜 樂 。 ❀

物理學家也發現量子「粒子」會作決定，它們受到智能驅動。不僅如此，它們還能在瞬間知道宇宙任何一個粒子作的決定！這種跨時空的同步性是在瞬間發生的；也就是說，粒子不用花任何時間或橫跨任何空間就能「溝通」。事實上，它們也能瞬間移動，不需橫跨空間也不用花時間。它們不用穿越兩個點之間的空間，就能從一個點到達另一個點，而且兩個點可以處於不同的時間。要記住，量子「粒子」跟我們一般人想像中的粒子不一樣。它們不是處於特定「地點」和「時間」的「東西」，它們橫跨空間和時間。

那麼，驅動量子「粒子」的智能是什麼？其實，這股智能來自本源、神，即一切萬有，而它的一部分構成了你自己的「個別」心智及宇宙裡其餘的「個別心智」，視標的、尺度、意志力而定。

請仔細思考這些內容，想想以下的事實：你觸目所及的任何事物都是這些神奇的粒子構成的，而這些粒子由你控制。想想以下的科學事實：如今的科學界已證明你是自己周遭一切事物的起因，或者說是共同起因，你觀察到的一切事

物若是沒了你的觀察，便不能存在。你唯一需要做的是選擇你想要觀察到的事物，你的選擇必須篤定且一致，如此便能使能量場顯化你的選擇，顯化的「時間」則要看你的明確性、專注力和篤定程度而定。科學家發現，即使在最嚴密的雙盲實驗，[3]他們對結果的期待仍會影響結果，不論做任何實驗，觀察者對實驗結果的期待都會影響結果，這種影響力是無法杜絕的。

❖ 我 是 富 裕 。 我 是 豐 盛 。 我 是 喜 樂 。 ❖

　　量子封包或者說粒子的最佳定義是存在的可能性。比方說，假設有一個名字叫 X 先生的量子封包。在你請 X 先生跟你說話之前，他不會以人的形式存在。他的存在形式是一個潛在的人。X 先生會同時遍及世界各地，具備在莫斯科、紐約、喀布爾、東京、雪梨、開普敦或世界任何城市變成一個人的不同潛在可能性。現在你叫了他的名字，他就出現在你叫喚他的地方；這時，他以人的形態出現在其餘城市的可能性就變成零。等你跟他說完話，他又會消失。他不再是一個侷限在一地的人，而是像波一樣散開，又一次具備可在世界

3.　指實驗分為實驗組和對照組，研究員和受試者都不知道誰屬於實驗組，誰屬於對照組，以避免研究員和受試者對實驗結果的預期心理，影響實驗結果。

任何地點出現的可能性。這便是名叫Ｘ先生的量子封包的行為模式。記住，宇宙的一切都是量子封包構成的。

❀ 我 是 富 裕 。 我 是 豐 盛 。 我 是 喜 樂 。 ❀

量子的另一個特徵是多維。因此在Ｘ先生的例子中，當他是可能性時，他是多維的。當他定域化，也就是在我們叫喚他的時候，他變成我們四維世界裡的一項事物。（我們所認識的世界其實是四維的，也就是長、寬、高、時間四個維度。）這是科學。現在你可以從科學觀點看到我們的宇宙是多維的，只不過，我們的感官感覺得到的維度只有長、寬、高、時間。儘管如此，我們的靈魂也是多維的。試著聆聽你的靈魂、你的感受。

❀ 我 是 富 裕 。 我 是 豐 盛 。 我 是 喜 樂 。 ❀

實體世界確實是以想法和能量構成的。

❀ 我 是 富 裕 。 我 是 豐 盛 。 我 是 喜 樂 。 ❀

假如哪天你覺得很無力，想想這點：愛因斯坦和其他量子科學家已經證明一切實體事物，都是由不受時空束縛的能量封包構成的。這個能量場沒有明確的疆界。宇宙說穿了

就是你超越時間、不受侷限的身體延伸而成的。科學也證實了心智沒有疆界。一切心智都「連結」到至一心智（One Mind）。你比自己想的更宏大、更有力。因此，別再為了小事冒冷汗啦。

❀ 我 是 富 裕 。 我 是 豐 盛 。 我 是 喜 樂 。 ❀

你已經擁有一切。人家說，不等你祈求，一切便給你了。科學界透過量子物理學，正開始證明這種說法符合科學。**量子層次是構成我們周遭萬物的層次，我們天生就有能力影響這個量子場，而在量子層次的無限智能和潛能，能讓我們「擁有一切」。**我們剛開始從較大的層面明白這件事，包括科學層面及靈性層面。

你的富裕程度已經是你做夢都想不到的了。你擁有富裕。你不見得正在體驗富裕，但你擁有富裕。擁有和體驗是兩回事。我們用一個簡單的解釋方式來說明好了，**你具備駕駛飛機、衝浪、水肺潛水的能力，但你未必正在體驗你能力中的這一面。你什麼都不必做就擁有這項能力；這項能力就在你體內。一切都替你準備好了，你只需要體驗它。**

在生活中，我們其實只是轉換意識去體驗始終都在我們內在的不同層面，這個宇宙擁有我們想要的一切，即使是我們想都想像不到的東西，也包括在內。量子場可以構成無限多的形體和體驗。其實，量子場已經在這樣做了。本書的書

頁只是其中一樣，你的下一個念頭也只是其中之一。可是，你絕對猜不到會在這些書頁裡體驗到什麼。但你想要閱讀這些字句的欲望，會讓字句出現在你雙手之間。一點沒錯，這些字句一向都存在。**你不需要預測情況會如何發展，你唯一要做的就是懷抱欲望、意圖並知道凡事都有可能。一切便會安排得妥當，降臨在你身上。**

❀ 我 是 富 裕 。 我 是 豐 盛 。 我 是 喜 樂 。 ❀

　　許多鑽研次原子粒子的物理學家逐漸發現，宇宙有幾個有趣的特質。例如，他們發現以空間和時間隔開的兩個粒子，彼此之間有「隱形的連結」，可以同步行動。他們也發現我們居住的世界的建構方式，看來是設計成可讓世界自己了解自己的形式。如何做到這一點，就是把整個一體「切割」成至少兩個狀態：一個設計成可以觀看，另一個設計成被看見。設計成可以觀看的那一個處於幻覺中，以為自己跟設計成被看見的那一個是各自獨立的。這是必要的幻覺，一個持久的幻覺。然而，萬物其實是一體的。

❀ 我 是 富 裕 。 我 是 豐 盛 。 我 是 喜 樂 。 ❀

　　參與並觀察宇宙的人透過參與或觀察，讓整個宇宙存在。你和所有關注富裕的人讓富裕得以存在。**你對富裕的篤**

定、你對得到富裕的信心、你對富裕的關注,創造了富裕。
事實上,富裕已經以或然率的波的形式存在,但現在你可以
讓這個波變成實物,成為一個時空事件。真相比這更深刻。
其實致富已經是一件存在的事件了,只是你對時間的認知令
致富看似「遙遠」而且與你「分隔兩地」。一旦你明白時間
的本質和運作方式,你就能更快體驗到更多你想要的事物。

❀ 我 是 富 裕 。 我 是 豐 盛 。 我 是 喜 樂 。 ❀

　　現在,稍微提高複雜度。我們說過次原子粒子是以或
然率的形式存在,當我們觀察這些粒子,就使粒子在特定的
空間點和時間點定域化。也就是說,一個粒子有出現在甲、
乙、丙、丁不同地點的潛力。我們在丙地觀察它,它就出現
在丙地,在甲、乙、丁地出現的可能性就消失,至少直到我
們停止在丙地觀察它為止。好,有一個新的思想派別在研究
艾佛瑞－惠勒－葛拉罕(Everett-Wheeler-Graham)理論,這
個理論主張這個粒子其實會在這四個地點一起定域化,只不
過是在其他跟我們的世界同時存在的世界裡!也就是說,所
有的可能性其實都會顯化為實質的事物,不過是在不同的平
行世界中!有些物理學家研究宇宙是龐大的多維全像圖的跡
象,他們找到了支持這個理論的證據。這怎麼運作呢?當一
個粒子有在甲、乙、丙、丁四地出現的或然率,它不會選擇
只待在一個地方;它會選擇置身在四地。為了辦到這一點,

宇宙「分裂」成四個平行的世界，每一個都不知道另外三個的存在。這稱為量子機制的「多重世界」詮釋。

這聽起來很瘋狂，但想想看吧。這絕對有可能，對於本源或對於神來說，沒有不可能的事。許多宗教告訴我們，不等我們要求，一切便都給我們了。他們說一切可能存在的事物，現在就存在。我們現在也知道宇宙會自我分裂，或者說是創造分裂的假象，好讓一「部分」可以擔任被觀察的那部分，而另一「部分」則擔任觀察者，如此，宇宙才能認識自己。一（One）分裂自己，以便認識自己，並且有了可作為比較的對象。因為只有一體的時候將無從作比較，也就不能認識自己。

你的本我、靈或者說靈魂，是永生不滅的，橫跨時空而存在。現在，你作的下一個決定將分裂宇宙。你會覺知到自己選擇的那一部分宇宙。你也會存在於你沒有選擇的那一部分宇宙，你不會在那裡「醒來」，不過你仍會接收到它傳來的重要訊息，以協助你認識自己的選擇，反之亦然。選擇了另一個世界的其他人就會在那邊「醒來」，不會在你的世界裡。現在你就明白自由意志是怎樣不自相矛盾地運作，以及儘管真相看似矛盾，卻全都可以為真。

宇宙也「分裂」為你目前的自我、你過去的全部自我、你未來的全部自我，但你一次只會在一個自我之中醒來（目前的自我）。因此，比方說，你未來的自我可以警告你現在「醒著」的自我他們有哪些不愉快的經歷，以免你踏上他們的後

塵。宇宙是極其龐大且不斷變動的母體，極為錯綜複雜。每個決定都改變整個母體。**生命的樣貌就是所有可能的存在形式都同時並現在存在的永恆過程，而你在一個接著一個的瞬間中只選擇一個你要覺知的那一個可能性。**物理學家現在才剛開始證明這一點。順帶一提，夢境只是另一種意識狀態。作夢時，你的意識在另一個疆域、世界、時間。現在你開始明白自己的夢可能是從哪來的嗎？

等你知道時間是什麼、時間怎麼運作，你會更能了解這一部分的內容。

❀ 我 是 富 裕 。 我 是 豐 盛 。 我 是 喜 樂 。 ❀

我們現在知道整個宇宙一開始是一個類似次原子粒子的小小存在，之後便以超乎想像的速度擴張，生成了一個個的海洋、一個個的世界，全都多虧了量子物理學。然而，真相比這更為神奇。宇宙持續生出新的宇宙，如今，許多物理學家看到這一類的「多重世界」行為的證據，量子物理學對此有好幾種詮釋存在。大部分物理學家認為這種現象持續不斷地發生，但卻是混亂、隨機、偶發的，主要是因為他們找不出這種現象背後有什麼道理。但請你捫心自問：靈扮演什麼角色？你、你的本我、你的靈魂扮演什麼角色？你作的選擇會是各個被觀察到的「混亂」世界背後的原因嗎？物理學家喜歡將靈排除在研究之外，卻是靈使物質生成，而不是物質

使靈生成。想想吧。愛因斯坦是少數不肯相信一切都是隨機或偶然發生的物理學家之一。他說他不願意相信「上帝玩骰子」。

❀　我 是 富 裕 。 我 是 豐 盛 。 我 是 喜 樂 。 ❀

　　體認這一點：量子世界是真實世界。你肉眼看到的世界只是你對一群量子活動的不完美認知。然而，量子活動是你引發的——你是第一起因。千萬別把你肉眼所見的一切視為第一起因，那只是結果。對於這一點的精彩解釋就是著名的「薛丁格的貓實驗」（這是艾爾文・薛丁格〔Erwin Schrödinger〕提出的實驗，他是一九三三年諾貝爾獎得主）。這個實驗描述當你將一隻貓跟一個封住的毒氣瓶一起放進箱子之後會發生的實際情況，這個箱子裡有一個會打開毒氣瓶以致讓貓被毒死的裝置。你把這些東西都放好後便關上箱子，以免你看到裡面。對了，瓶中的氣體只有在箱中一個特定的放射性原子衰變時才會變成毒氣。根據量子物理學，這個放射性原子在受到測量之前（直到你打開箱子看貓死了沒有），同時處於「衰變」和「未衰變」狀態。記住，一切事物在你觀察之前，其所有可能的狀態都會同時存在。不打開箱子，你不會知道貓的生死。在箱子沒打開前，貓同時處於死亡跟活著的狀態。這正是量子物理學的瘋狂之處，即兩種相反的樣態竟然同時存在！當你開箱查看那個放射性原子衰變了沒

有，並同時確認貓的死活，這兩個結果的其中一種會實現。但現在的物理學家知道自己的期待和想法會影響結果，而「多重世界」詮釋則告訴我們兩者其實都發生了，只不過是發生在因為你的選擇而創造出來的兩個不同世界中。

✿ 我 是 富 裕 。 我 是 豐 盛 。 我 是 喜 樂 。 ✿

我們現在知道宇宙每件事物都具備波粒二象性（wave-particle duality）。意思就是一切事物，包括你的身體和你的車，同時是波也是粒子。你跟光是一樣的，唯一的差別是光的波長跟你不同。除了波長，你基本上跟光差不多。記住，現在可是物理學在告訴我們這些事。幾千年前，就有許多靈性導師告訴我們相同的事：我們源自光。你是光。事實上，用顯微鏡檢視你的身體，超過九十九％都是「空間」。至於其餘的實體部分，則只是一堆跟光一模一樣的東西，也就是相同的次原子粒子。事實上，連「空間」都充滿能量。

從你的靈而來的心智，讓你的身體「聚合」成一個「固體」的整體。你的心智也以相同的方式維繫你周遭的一切事物。凝聚所有物質的資訊都來自你、你周遭的人和宇宙其他人的心智。

✿ 我 是 富 裕 。 我 是 豐 盛 。 我 是 喜 樂 。 ✿

愛因斯坦的 $E=mc^2$ 方程式闡明任何物質內含的能量，等於這項物質的質量乘以光速的平方（這可是很大的數字！）。這告訴你兩件事：

▷ 即使是小得可憐的物質也蘊含驚人的能量（所以才有核爆這種事）。
▷ 你跟其餘一切事物只是按照心智的資訊聚合在一起的能量。

❀　我是富裕。我是豐盛。我是喜樂。❀

次原子的世界絕不是靜態的，而是一支不斷生生滅滅的神奇舞蹈，粒子會毀滅自己，並且就在毀滅中誕生出新的事物。次原子粒子的生命多半短到超乎想像（幾十億分之一秒）。整個宇宙隨時都在重新創造。你可以想像宇宙整個被一筆勾銷再復原，每次都跟先前的宇宙有一點點差異，而且這每隔幾十億分之一秒左右就發生一次。好，再來說另一件驚人的事：一個粒子一旦誕生，便能在瞬間以光速移動！因此，我們的確跟許多創世故事說的一樣，我們來自光。還有一件事：粒子可以在時間裡前後移動。這就是構成你、並且由你控制的東西！

❀　我是富裕。我是豐盛。我是喜樂。❀

沒有空洞的空間這回事。所有的「空間」都充滿能量，是跟構成你及萬物一樣的能量。只是你的五種感官（視覺、聽覺、觸覺、味覺、嗅覺）辨識不出存在於宇宙裡的許多不同形態。也就是說，你只能感知到五種感官認得出的東西（除非你開發了其他感官）。但這不表示人類感官可以感知的事物形態，就是存在於宇宙中的所有事物。把宇宙想成一幅全像圖。總之，重點在於知道自己是浩瀚能量之海的一部分，而且真的沒有任何事物將你和萬物分隔開來。你看到的唯一「分離」是你受到侷限的五感造成的假象。我們確實都是一體的。

　　我們是一個龐大的有機體，每一部分都隨時改變。每一部分都能觀看其他部分，而每一部分自己的意識及覺知程度則高低不等。但整體的行為確實是整體的，每一部分的行為則是整體的一部分，具備個別及整體的特質。

❀　我 是 富 裕 。 我 是 豐 盛 。 我 是 喜 樂 。 ❀

　　一九六四年，瑞士歐洲核子研究組織（European Organization for Nuclear Research, CERN）的物理學家貝爾博士（J. S. Bell）提出宇宙所有「分離」的部分都以極為密切的方式相連的數學證明。現在許多實驗顯示被空間和時間隔開的粒子，不知何故可以確切知道其他粒子在那個當下的確切行動。也就是說，粒子不溝通。溝通必須花時間，而且要有

訊息內容。粒子不是那樣。它們不用溝通就知道。它們同時行動，彷彿它們在空間和時間的分隔下仍擁有莫名的緊密連結，橫亙在它們之間的空間和時間的分隔影響不了它們。

❀ 我是富裕。我是豐盛。我是喜樂。❀

貝爾的數學理論顯示次原子粒子的行動，取決於在別處的另一個次原子粒子所發生的事。也就是說，所有的次原子事件都是受到其他次原子粒子的影響，並在隨後引發其他的次原子事件。這下子，因果律、業力、種什麼因得什麼果都有了全新的意義：**因果律、業力不只是靈性觀點，更符合科學**。

❀ 我是富裕。我是豐盛。我是喜樂。❀

我們一直說全宇宙的想法，個人的也好，集體的也罷，都使能量「形成」我們體驗到的物質實相。確實如此，但還有一個更強大的起因：存在，存在的狀態。有許多存在的狀態，諸如快樂、靈敏、富裕等等。這是最強大的起因，是一切的第一起因。因為，這是靈、本我的宣言。隨著存在狀態而來的，是符合那種狀態的想法。

❀ 我是富裕。我是豐盛。我是喜樂。❀

在此，從另一個角度了解我們如何是一體的。科學界告訴我們萬物都由能量構成，而且能量隨時都以錯綜複雜的方式交換。能量是建構萬物的基本建材。構成你血肉的能量跟構成你家房子的磚塊、屋外樹木的能量是相同的。沒有「樹的能量」跟「人的能量」的分別，全是相同的能量。能量時時刻刻都在流動，隨時改變形態。雖然很複雜，但簡單解釋就是這樣。

　　在量子層次，萬物看來像一大池的能量「湯」，是一片不停流動的能量之海，在各個點上的濃度和特質不一。你可以想成在一片海洋裡有一個熱點、一個水流湍急的點，諸如此類。（這片海洋代表能量「湯」，那些點代表各種物質實體，例如你的身體或一棵樹。）這個熱點跟海洋其餘部分交換水分子。湍急的點也跟海洋的其餘部分交換水分子。但熱點仍然維持溫熱的特質，水流湍急的點也仍然水流湍急。海水在分子層次交換、流動；但在較大的層次上，儘管在片刻前構成這些點的分子現在不在了，由來自其他區域的分子遞補，這些點持續溫熱或水流湍急。在一個熱點的分子會變，但那個點的本質或特徵則維持溫熱。一個區域的特徵可以保持原樣，但構成那個區域的粒子卻總是不同，其他區域的粒子不斷在那個區域進出。這便是我們在量子層次的樣貌，像一大片擁有各自特質的大區塊互相連接的能量場。我們跟萬物共享相同的能量，但我們保有獨一無二的特質。這是非常複雜的母體，一張複雜的網。

現在來看比海洋複雜一點的例子。想像有兩個人在一個房間裡，他們都感到陰鬱悲傷，且兩人的能量低落。一個人說了笑話，另一個笑了。說笑話的人令發笑的人提升能量，神采飛揚。愉悅的新氛圍令這個說笑話的人也笑了，他們共享這個笑話。第一個人引發第二個人的變化，這個變化又回頭改變第一個人。好，你有沒有注意過當你跟一大群人說笑話，逗得大家哈哈笑，你是不是覺得暢快無比？只跟一個人說笑話時，感覺是不是很開心？而聽過你笑話的人，又說給其他朋友聽，然後笑話又傳給朋友的朋友，廣為流傳。當然，宇宙比這複雜多了。在龐大能量場的一部分所發生的改變如同漣漪擴散，改變鄰近的部分，這些部分再影響其鄰近的部分，於是漣漪不斷傳遞！你能想像嗎？你的微笑改變整個宇宙的構成！這是科學事實！你的憤怒也是。

你的一舉一動、每個想法，都會像漣漪永久傳遞下去，不論那帶來的改變有多微小，你都改變了整個宇宙的構成。

現在，還有一件更妙的事。因為你是宇宙的一部分，那個漣漪會傳回你身上，給你一份類似的特質。你在周遭的能量場引發改變，這個改變像漣漪擴散，碰觸到萬物。當然，**萬物在反應時也會引發漣漪，回傳給你，一切都會倍增！**這就類似你把手指伸進一杯靜止不動的水，引發的漣漪將呈圓圈擴散。但這些波動會恆久傳遞下去，也會撞上其他的能量區塊，使這些區塊發生改變，接著或可說是引發反應，並且會發送出自己的波動。這些回傳的波動會回到你身上並改變

你，然後你作出反應，這場神奇之舞便持續下去。這就是**因果律在科學上的運作方式：倍增。這發生在能量層次上，也發生在靈性層次上**。在這兩個層次上，整個系統裡出現一個自我改進的個體，就會使整個系統都改進，整個系統的改進則又使個體改進，反之亦然。

❀ 我 是 富 裕 。 我 是 豐 盛 。 我 是 喜 樂 。 ❀

在其餘情況不變之下，一個人或社會愈了解自己及其宇宙的構成成分，學會怎樣控制這種創造過程，愈能富裕和快樂。

以上就簡單說明了構成我們每個人的成分。哪裡沒看懂也別擔心；繼續讀，再看看其他的相關論述，你就會懂了。

不必精通量子物理學也能富裕。這一章的知識就夠你用了。本章的重點只是讓你了解自己世界的實際樣貌，讓你明白自己可以直接掌控世界。本書其餘部分會指導你怎樣行使你的控制能力，並解讀世界給你的回饋。但如果你想多認識量子物理學，請上 aHappyPocket.com 觀賞相關影片、文章和推薦書單。

量子物理學讓我們知道世界不像表面上那麼牢不可破、無法改變。其實世界是非常有彈性的地方，持續依據我們個人和集體的想法，以及我們身為一個人、一個家庭、一個社會、一個國家、一個行星、一個太陽系或一個宇宙的存在狀

態，而不斷建構。我們已經開始揭穿幻相。我們現在知道構成我們四維體驗的東西是什麼，我們也開始看到我們如何製作那些東西。下一步，就是認識我們世界的另一部分，也就是時間這個第四維度的真面貌。該是了解時間的時候了。

03

時間的真相——

時間不存在

❀

我是富裕。我是豐盛。我是喜樂。

❀

時間是個有意思的東西。非常有意思。時間跟我們耍的最大花招就是令我們以為時間真的存在，並且完全宰制我們。但時間是不折不扣的幻相，一個頑強且經久不退的幻相。

這真是天大的好消息！時間是你創造的幻相。一旦你明白自己怎麼創造時間的幻相，就可以開始隨心所欲地改寫時間。這一回是有自覺且慎重地進行，不再是無意識和無心的。

時間是什麼？我跟時間有什麼關係？我應該怎樣看待時間、怎麼處置時間，才能更快體驗到更大量的財富和其他事物？這一章會開始回答這些問題，到了本書的其他章節，你會覺得本章的概念更加真實。

唯一真正存在的時間是當下（Now）。

過去、現在、未來的分別不論怎麼頑強存在，
都只是一個幻覺。

——愛因斯坦——

❀ 我 是 富 裕 。 我 是 豐 盛 。 我 是 喜 樂 。 ❀

延促由於一念，寬窄係之寸心。
故機閒者，一日遙於千古，

意廣者，斗室寬若兩間。

——洪自誠 [1] ——

❀ 我 是 富 裕 。 我 是 豐 盛 。 我 是 喜 樂 。 ❀

時間向所有方向移動，不像表面上那樣只向前移動。過去、現在、未來同時存在。

❀ 我 是 富 裕 。 我 是 豐 盛 。 我 是 喜 樂 。 ❀

在此簡單解釋時間是什麼。這是極度簡化的說明，但現階段知道這些就夠了。想像有十件物體散放在一座足球場的外圍。現在，想像物體一代表一個小孩出生，物體二代表一個十歲的小孩。如果物體一要移動到（變成或蛻變成）物體二，將會用掉你現在說的「十年時間」；也就是說，十年的人類生命讓一個小孩長大。現在，狀況變複雜一點。如果球場縮小了呢？物體一將會抵達（變成）物體二並經歷十年的童年體驗，但時間的感覺會十分不一樣。如果球場縮得夠小，十年可能感覺只有一眨眼的功夫。你常有這種體驗，在你快樂的時候，時間彷彿是飛逝的。你不會注意到經過的時間，可是你的手錶顯示已經過了那麼久，因為手錶是設計成以相同的「時間」長度，從錶面的一個秒針刻度移向下一個

刻度，但這不是你的天性。時間就是你的意識在「時空連續統」（space-time continuum）裡已存在的事件之間移動。你很快便會明白這是什麼意思。

我們居住的生命場域不是靜態的，這個場域的維度不斷改變。所以全世界的人需要不時重新調整手錶，好讓我們能弄清楚這個名為時間的瘋狂玩意兒，但這只是因為我們認為時間是一個整體中固定不變的小片段，但其實不然。時間只是我們對意識在生命場域中從一件已存在的事件移向下一件時的錯誤詮釋，你很快就會明白這個意思。生命的場域不是靜態的，我們的意識移動速度也不是固定的。這個場域改變的速度或許沒那麼快，除非我們刻意改變，否則我們意識可能也沒那麼快就改變速度，也因此，我們通常不太會注意到其間的差異並省悟到時間不是固定的。

你可能聽過愛因斯坦的相對論，假如你搭乘太空船高速飛行，你可以減緩時間流逝，甚至回到過去。**時間主要是經歷事件的感覺，你經歷事件的速度則決定了時間的尺度。改變的不是所需的時間，而是時間的尺度（一分鐘不再用掉一分鐘）。**

好，回到足球場的例子。想像你是其中一件物體。當你繞著球場走，經過你看見的其他物體，你會感覺到時間流

1.　明朝作家，精通釋、道、儒，著有《菜根譚》，此書被喻為「三大處事奇書」之一。

逝，對吧？對。現在，想像你一出生速度就比較快，就當是三倍速吧。時間感覺上會較短。現在，想像你就是球場！甚至乾脆想像自己是大到可以蓋住整個球場的物體。這就對了！對你來說，時間將不存在，因為你就是球場，你可以同時感受到、觸摸到球場上的全部物體，與這些物體同在。你不必從一件物體移向另一件物體，每件物體都在此地、此刻發生，每一件都是。這十件物體都在同一「時間」為你發生，始終如此。這一刻永遠都是此刻、此地。在這個宇宙裡所有可能發生的一切，在過去、現在、未來所有可能創造的一切，都在一座巨大的球場上同一「時間」發生。你的意識與覺知在任何一個「時間」只會接收到這座球場裡的一個小片段。當你從一個點移向另一個點，經過那些物體（或者說事件）時，你體驗到的「時間」就是過去、現在、未來的感覺。球場本身沒有體驗到時間，它只體驗到一直同時發生的外在歷程。就在此刻、就在此地、始終如此、一直如此。你可以把整個球場想成是本源。

當你拓展你的意識和覺知，你能接收到的球場部分就變大，時間於是縮短。你明白了嗎？好，神奇的是心智跟本我（或稱靈魂，或靈，隨便你用哪個詞）比你的肉身龐大很多。我們常把靈魂或者說本我，想成是一個住在我們身體裡的小東西。那只是人類的想法，套用把東西裝在容器內的概念。你有沒有想過靈魂遠比肉身更強大，實際上是靈魂讓肉身得以凝聚並包圍著肉身呢？而凝聚並包圍大腦和神經系統的則

是心智。如果你想過靈魂和心智比身體和大腦大，那你想過它們的盡頭在哪裡嗎？離你的身體幾公尺？還是延展到幾公里外？還是要到幾光年遠的地方才會到靈魂的盡頭？若說你的靈魂和心智比你的身體大十億倍，也不是不可能。有何不可呢？它們是無限的，是永恆的。但這個巨大無比的強大本我就是你。

總之，讓我們回頭談富裕。**如果你想「快速」體驗到巨額財富，透徹了解時間（時間如何運作、如何控制時間）、了解你的本我、本我的組成架構、本我與一切物質及非物質事物的關係，對你就會很重要。**一切關乎拓展意識、適切的狀態、適切的想法、正確的選擇。這些都可以喚醒你的意識，開始接收一圈一圈不斷向外擴展的整體本我中的財富部分。

❀　我　是　富　裕　。　我　是　豐　盛　。　我　是　喜　樂　。❀

當下是唯一存在的一刻，只有永恆的當下這一刻。你可以記憶過去、夢想未來，但你只能在（be）、存在、在此地、在當下。向自己許下絕不反悔的誓約，發誓你要讓當下成為生命中最棒的一刻！

❀　我　是　富　裕　。　我　是　豐　盛　。　我　是　喜　樂　。❀

在此不要駐留在過去，也不要活在未來。你唯一的一刻

是當下。安住在當下。

❀ 我是富裕。我是豐盛。我是喜樂。❀

在此你很快就會明白，外在世界是你內在世界的一面鏡
子，本書會告訴你原因。

你是不是覺得時間好像不夠做你想做的事？**在外在世界
時間不足的人，在內心也缺少時間。**他們的行動、思想、言
談都來自於時間不夠用的信念。別再一直想、一直說你時間
不夠了。一秒都不要相信這種念頭。宇宙什麼東西都不虞匱
乏，包括時間，你也是一樣。你唯一的侷限或匱乏，都是你
為自己打造的。**當你認定自己有所匱乏，意識便會縮小並且
變遲鈍，好讓你體驗自己相信的信念。**

❀ 我是富裕。我是豐盛。我是喜樂。❀

**沒有比當下這一刻更棒的禮物。這一刻是依據你指定
的設計完美打造而成。**你透過稍早之前內心最真實的想法、
存在狀態、言談、行為來指定你要怎麼設計這一刻。當下
（present）是你送來給自己的東西，是不折不扣的預送（pre-
sent）時刻。它讓你可以體驗、品味、回顧、改變你以前的
想法、存在狀態、言談和行動。**要對當下感恩，因為你知道
自己可以改變它。**它允許你體驗自己的本我，因為它唯一存

在的目的就是為你效勞。**詛咒、譴責、批判當下這一刻，只會令你停留在現狀更久。你抗拒、批判、譴責的事物都會持續下去。當你敞開胸懷接受、攤在檯面上不予批判、老老實實、檢討個透徹的事物，則會披露你正在尋找的教誨。這將是讓你升級到你尋求的下一階段的關鍵。**

❀　我 是 富 裕 。 我 是 豐 盛 。 我 是 喜 樂 。 ❀

時間只不過是我們在永恆中旅行的時候，
由我們一連串不同的意識狀態造成的幻覺，
幻覺是意識造成的，
沒有意識就不會有幻覺存在；
而處於「休眠」狀態。

——布拉瓦茨基（H. P. Blavatsky）[2] ——

❀　我 是 富 裕 。 我 是 豐 盛 。 我 是 喜 樂 。 ❀

---

2. 1831-1891，烏克蘭神祕學者，1875 年在紐約創立神智學（Theosophical Society），研究神智學、神祕主義和精神力量。

未來對現在的影響力跟過去一樣大。

——尼采——

❀ 我 是 富 裕 。 我 是 豐 盛 。 我 是 喜 樂 。 ❀

第一次做一件事的時候總是一趟發現之旅。你會吸收細節，學到許多新事物。這時，沒有標籤跟記憶讓你對新的體驗懷抱成見。學習效果最好。一件事做上一百遍，你的體驗往往就大不相同了。一件事做多了以後，做的時候經常會變成無意識的動作。多數人遇到生活裡已經做多了或看多了的事物時，會進入無意識、不知不覺的狀態。因為他們以前就看過或做過，於是轉而仰賴自己在第一次見識到這項事物時在心裡建立的記憶和標籤。學習和探索完全停擺，只仰賴以前的經驗。但依據你昨日的記憶過今天的生活能撈到什麼好處？你會完全錯過當下這一刻的禮物！你在公司或工作時，面對在嶄新的每一天會以全新的眼光看待你的工作、工作伙伴和客戶嗎？還是憑著你對他們以前模樣的「認識」過活？

萬物都會改變，使用記憶會讓你看不見外在改變，看不到事物的真貌。盡可能「忘記」你對眼前事物的所有認知，你將會發現全新的世界。你的成長速度會大躍進，你的財富和自我的增長也會快很多。

想想看吧。有多少次一個陌生人稱讚了你的同事或配

偶，但你不是用全新的眼光看待他們，所以從來沒注意到人家誇獎他們的地方？記憶很重要，但很多人會濫用記憶，而且常常是以無益的方式濫用。

現在就決定要以全新的眼光看待每一項體驗，選擇忘記你以前的經歷。決定不要因為你的記憶和情緒，就認定會看到某種事態或行為。當你保持超然且對自己的選擇和意圖保持篤定，你會發現一個之前一直對你隱而未現的世界，這個世界就在你眼前，一直都在。

❀ 我 是 富 裕 。 我 是 豐 盛 。 我 是 喜 樂 。 ❀

隨時都要選擇快樂、活在當下這一刻、充滿喜樂。感謝當下這一刻帶給你的一切愉快的體驗，感謝它讓你看見自己以前的樣貌，成長為更開闊的自己。

❀ 我 是 富 裕 。 我 是 豐 盛 。 我 是 喜 樂 。 ❀

將覺知、意識、思想帶到當下這一刻，開始「看」。生命以及所有能讓你向前邁進的機會都在當下、永久在此時此地的這一刻。

❀ 我 是 富 裕 。 我 是 豐 盛 。 我 是 喜 樂 。 ❀

別一天到晚把自己「扔到」你希望自己能到達的前方。想像未來是很好，因為未來仰賴想像來創造，但當下非常寶貴。只有在當下採取行動、好好活著，你才能抵達未來。**不要整天做著關於未來的白日夢，把「要是」掛在嘴上，在心智上逃離當下，寄情在想像裡的明天，整天都處於作夢一般的狀態，對生活細節心不在焉，只用上了一半的覺知和意識，這種行為實際上會讓你美好的明日延後降臨。**如果你想要進步，就有必要設定未來的目標；同理，你有必要擁抱當下、體驗當下，並且有意識、覺知地在當下採取行動。記住，**宇宙只能透過當下這一刻，將能幫助你更上層樓的線索、人物、事件、機會送來給你，宇宙不能藉由你腦子裡幻想的未來給你這些。**與其將意識扔進未來去追逐更好的生活，不如將意識拉回當下，讓未來追到當下。

❀ 我 是 富 裕 。 我 是 豐 盛 。 我 是 喜 樂 。 ❀

此刻，此地。

❀ 我 是 富 裕 。 我 是 豐 盛 。 我 是 喜 樂 。 ❀

時間之輪都是很神祕的。
時間是心智的概念。

沒有心智，就沒有時間的概念。

摧毀心智，你將會超脫到時間之外。

你會進入不受時間影響的疆域。

你會安住在永恆中。

——施化難陀上師——

❀ 我是富裕。我是豐盛。我是喜樂。❀

不悲過去，非貪未來，心繫當下。

——佛陀——

❀ 我是富裕。我是豐盛。我是喜樂。❀

　　為自己設立期限要小心。時間不是絕對的。量子物理、我們的靈性、我們對永恆的認識全都告訴我們，唯一確實存在的時間是當下，唯一存在的地方是此地。此地、此刻。例如，想像你的目標是在一年內變成有一百萬或十億身價的富人。想一下：為什麼你選擇一年的期限？這是很武斷的日期或期限，那只是你抓取來的日期。本源可以在一瞬間創造出讓你擁有百萬或十億身價的結果。對本源或神來說，凡事都

不困難。這件事可以在瞬間達成，或者有其他你一時之間沒想到但最恰當的實現時機，何必設定一個隨機的期限呢？

　　為自己設定期限也會引發恐懼和懷疑，經常會在實質上拖慢你的腳步。你會在期限前達成目標嗎？如果你其實可以提前實現目標，你的心智卻只顧著看向一個較遠的日期呢？這也令你更難放手。**唯有放手，本源才能發揮無限且出人意料的組織能力，給你最棒的安排。**

　　話說回來，說「有一天我會是百萬或億萬富翁」也沒好到哪去，事實上反而更糟。請將當下視為唯一存在的時間，將它視為唯一真實的時間，並且發自內心認同這是事實。「我現在就是百萬富翁。」就是現在，我就是有錢人。這便是你對萬事萬物應有的一貫想法、行為、談吐、感受。如果別人問你幾時，你回答就快了。每次有人問「幾時」，耶穌總是說「就快了」。在此時此地的事物格局中，「就快了」比設定一個特定的日期要好得多。**在你的心裡，永遠是現在、正在成為、向來都是。**

　　記住，即使量子物理向你證明了時間跟你想的不一樣，當你說「我現在就是百萬富翁」，你周遭的物質證據看來跟富裕沾不上邊，但這不表示你在騙自己。的確，所有可能的存在形式都同時存在，包括富裕版的你。這句聲明是真實的；騙人的是你的眼睛。愛因斯坦說過，時間的幻相（過去、現在、未來的幻相）不管怎麼頑強，幻相仍然是幻相。

❀ 我 是 富 裕 。 我 是 豐 盛 。 我 是 喜 樂 。 ❀

　　耐心等待事物的推展。催趕或強求會干預事態發展，拖延事情發生。大自然是完美的。**如果想早日看到成效，縮短時程的正確作法是提高自己的篤定度。想像要更明晰，想法要更專一（不要朝三暮四）。專注，最重要的是從原本只侷限在顯意識（conscious mind）層次的覺知力，擴展到能覺知到顯意識、潛意識、超意識及本我的層次。**多數人感受不到自己的潛意識和超意識。如果你的覺知力、想像力、信心、篤定、明晰度都是一流的，你可以瞬間創造成果。你才剛起步，能力將「與時俱進」。只要刻意投入這些事就行了，選擇你要提高覺知和篤定，自然會成真。但不要失去耐心，不然會讓你陷入覺得自己缺了什麼的狀態，令看到成果的日子更遙遠。

❀ 我 是 富 裕 。 我 是 豐 盛 。 我 是 喜 樂 。 ❀

　　「我是……」是現在式。設定目標時應該用現在式書寫。但如果你想著目標時不是用「我是」的現在式形態，以現在式寫下目標也沒用。思考的時候要保持覺知，慎選自己的思緒，從早到晚，當你想到了你的目標和意圖，一律要用「我是」的現在式模式。**使用「我是」的句型，是在命令宇宙立刻啟動將你的願望顯化為事實的程序。**這是在此刻此地宣告

存在狀態的聲明。

❀　我 是 富 裕 。 我 是 豐 盛 。 我 是 喜 樂 。　❀

你必須透徹明白這件事並牢記在心，不可或忘。當你打算擁有或體驗某件事物，一定要知道這件事物已經是你的了。真的，你已經擁有它了。從現在起，你只管接收它，擁有它。其實，你會覺察到某件始終存在於你內在的事物。就在此刻，在你看到這句話時，你已經非常、非常富裕。從現在起，你要做的只有占有這份富裕。接收它，講得更精準一點，是向它覺醒。同時，現在就對你渴望體驗的事物心懷感恩，因為你知道你已經擁有這些事物。**在當下感恩可以讓你更快體驗到你選擇的事物，因為感恩能確立你的信心和存在狀態。**

❀　我 是 富 裕 。 我 是 豐 盛 。 我 是 喜 樂 。　❀

沒有什麼事會在未來發生，過去也不曾過去。
只有永恆的現在永久存在。

—— 亞伯拉罕・考利（Abraham Cowley）[3] ——

❀ 我是富裕。我是豐盛。我是喜樂。❀

時間的存在只是相對性的。

——湯馬斯·卡萊爾（Thomas Carlyle）[4] ——

❀ 我是富裕。我是豐盛。我是喜樂。❀

時間恰似一條由消逝的事件構成的河流，而且水流湍急；
一件事才剛流到眼前就被沖走，
由另一件事取代，而這件事也會被沖走。

——馬可·奧理略（Marcus Aurelius）[5] ——

❀ 我是富裕。我是豐盛。我是喜樂。❀

---

3. 1618-1667，英國詩人。
4. 1795-1881，蘇格蘭哲學家、歷史學家、作家、教師。
5. 121-180，古羅馬帝國皇帝，名作為《沉思錄》。

跟一個好女孩一塊坐兩小時，你覺得好像只有一分鐘。
坐在熱爐子上一分鐘，你覺得像兩小時。這就是相對論。

——亞伯特·愛因斯坦——

❀ 我是富裕。我是豐盛。我是喜樂。 ❀

時間與永恆之間有一座橋；
這座橋就是人的靈魂。
白晝黑夜不能越過那座橋，
年老、死亡、悲傷也不能。

——《奧義書》（Upanishads）[6] ——

❀ 我是富裕。我是豐盛。我是喜樂。 ❀

時間即呼吸。要明白這一點。

——喬治·葛吉夫（George Gurdjieff）[7] ——

❀ 我是富裕。我是豐盛。我是喜樂。 ❀

認識時間的眞正價值；

把握每一刻，好好善用。

不散漫，不懶惰，不因循苟且：

今天能做的事，絕不拖延到明天。

——赤斯特非勛爵菲利普（Philip, Lord Chesterfield）[8] ——

❈ 我是富裕。我是豐盛。我是喜樂。❈

你早上起床，嘿！錢包裡便神奇地裝滿了

你生命宇宙中二十四小時分量的神奇紙片。

沒人能從你手裡拿走，沒人收到的分量會比你多或少。

你想浪費多少時間，這項無限的寶貴日用品都隨便你，

供應絕不斷絕。此外，你不能預支未來，

不可能負債，你只能浪費流逝中的時刻。

你無法虛度明天。明天還替你留著呢。

——阿諾德・貝內特（Arnold Bennett）[9] ——

---

6. 印度古代哲學論文或對話錄，現存的奧義書有兩百多種。

7. 1866-1949，亞美尼亞的思想家和哲學家，倡導靈修門派第四道。

8. 1694-1773，英國外交家，曾任國務大臣，以寫給兒子的家書聞名。

9. 1867-1931，英國作家。

❈　我 是 富 裕 。 我 是 豐 盛 。 我 是 喜 樂 。　❈

永恆是每一刻時間都恆久存在。

如果我們將時間看作一條線，

這條線的每一點都會跟永恆之線交叉。

時間線上的每個點都是永恆的一條線。

時間線將是永恆的一個層次。

永恆比時間多一個維度。

——喬治・葛吉夫——

❈　我 是 富 裕 。 我 是 豐 盛 。 我 是 喜 樂 。　❈

畏懼虛度一生，

卻滿不在乎地一點一滴地浪擲生命，

實在愚蠢至極。

——約翰・豪威（John Howe）[10] ——

❈　我 是 富 裕 。 我 是 豐 盛 。 我 是 喜 樂 。　❈

當下只是一條切割永恆的精確線條，

一邊是我們說的未來，一邊是我們說的過去。

——布拉瓦茨基（H. P. Blavatsky）[11]

❉　我是富裕。我是豐盛。我是喜樂。❉

根據愛因斯坦等人，時間和空間不是獨立存在的。時間不是獨立的東西，空間（由長、寬、高構成）也不是另一樣獨立的東西。其實，兩者是同一個東西，稱為時空連續統。要了解這一點，並予以運用。別認定時間跟你是獨立的兩回事，你只能任憑時間宰割。如果你不花時間去了解時間，時間將會主宰你的思維、你的計畫、你的信念系統、你的體驗。

時間不是一條你必須遵行的直線。把時間想像成一座城市底下的隧道網絡。從房子 A 到房子 B 有很多條路可走，有的長，有的短。例如，在一九三〇年，一個人可能要辛苦打拚三十年才能發財。現在也許兩年或更快就行了。**我們增強了富裕意識和篤定，致富之路就變短了。**

另一個看待時空連續統的方式，是想像那是一張含括所

---

10. 1630-1705，英國神學家。

11. 俄羅斯帝國的神智學家與哲學家，創立神智學與神智學協會，言論充滿爭議。

有可能事件的紙。每一件可能發生的事件、所有的東西都在那張紙上。現在，想像你是一枝有一隻眼睛的鉛筆，這張紙將鉛筆捲起來。你是這枝鉛筆，你被一張含括所有可能事件的紙完全包覆。但這枝鉛筆只有一隻眼睛，你只看得到發生在這隻眼睛所在位置的紙面上的事件。這枝鉛筆的眼睛可在筆身上下左右移動。這隻眼睛可以移動到筆身表面的任何部位。這隻眼睛移動得愈快，你看見的事件就愈多。現在，想像你可以擴大眼睛的尺寸。你把眼睛變得愈大，你能同時看見的事件就愈多。

好，最後一點。想像你可以增加鉛筆上的眼睛數量。鉛筆的眼睛變多了以後，看見的「人生」愈多——更多同時發生的事件，而不是一次看到一件事。當你增加眼睛的數目和每隻眼睛的尺寸，你便能在更短的「時間」內看到更多東西。好，把這整段解釋的「眼睛」一詞換成「意識」。擴充眼睛的尺寸和數量就是擴充意識，向存在的一切「醒來」。這便**是我們身為存有（beings）的演化目的：擴充意識**。好，那鉛筆代表什麼？是你的本我：你的靈、靈魂，或任何你喜歡的稱呼。你是不受時間限制的多維度存有，依據本源、神的樣貌和形象打造。隨著你的成長，你會擴充對這項事實的意識和覺知。

現在，想像你最要好的朋友是另一枝鉛筆，這枝鉛筆也被同樣一張紙捲起。你們是兩枝有眼睛的鉛筆，同一張紙包覆著你們。你們「對上眼睛」時，你們便同時體驗到一切萬

有的同一部分。你們藉由選擇相遇來決定相遇。你們可以選擇遇見在那個時空連續統上的任何事物；沒有障礙，如果你篤定地行使自由意志，自由意志便會分毫不差地實現。認識這一點，你就握有力量。運用這項知識來追求財富跟其他的人生願望則令人喜悅。

　　這便是一切互動的解釋。真相是你、你的朋友跟其餘的人只是同一枝筆的個別化身，因此當你們對上「眼睛」（意識），你們體驗到你們兩人在一起，但你們在較高層次上始終是一體的。

❀　我 是 富 裕 。 我 是 豐 盛 。 我 是 喜 樂 。 ❀

　　你認為同時發生的幾個事件，在另一個觀察者眼中可能在不同時間發生，一切要視這個觀察者的相對動向而定。想像一輛從南向北行駛的貨車上有一個大箱子，你在箱子裡面。箱子正中央有一顆定時打開、關閉的燈泡。燈光照射到箱子北壁的時間跟南壁相同。你甚至可以實際測量，確認事實如此。你會發現燈光是同時照射到箱子的每一側內壁。這將是你的真相。

　　現在假設路邊有個女人，你的箱子上有一扇玻璃窗。女人可以從窗戶看到箱子內部。因為她在原地不動，你、你的箱子、燈泡則在移動，她體驗到的事會跟你不一樣。她會看到光線照射到北壁的時間比南壁稍微晚一點，因為北壁從光

線移開，南壁則移向光線（記住貨車是從南向北移動，燈泡在箱子正中央）。她甚至可以測量到事實如此。她發現南壁比較早照到光線，北壁則比較晚。這將是她的真相。於是，兩個矛盾卻精確的事實可以同時存在。怎麼會這樣呢？

對宇宙來說，這些只是事件。時間對觀察者、對你是區域性的。實際上，時間不存在，只有同時發生的所有事件。是你自己在這些事件中的動向，讓你覺得時間仿彿存在。是你擴張的意識讓你更快通過更多事件。**擴張的意識讓你可以在一刻之間看到更多事件。擴張的富裕意識讓你更快致富，更快經歷更多事件，更快看到更多事件。**實際上，它讓你在每一刻都能覺知並體驗到更多的一切萬有，因此你看起來擁有更多「東西」，因此看起來更富裕。

這也提高你做出正確選擇的次數，你篤定地增加的欲望和目標，讓你在現在的任何一刻得到更豐富的體驗。經由增加目標的數目和你的心智畫面，穩定且篤定地維繫它們，你可以「看見」更多財富。這是時間的祕密之一。

❀ 我是富裕。我是豐盛。我是喜樂。❀

愛因斯坦的數學老師赫曼・明可夫斯基（Hermann Minkowski）提出一套方程式證明一個人全部的過去及未來都在一個點交會，亦即現在，也只有一個交會地，亦即此地（不論這個人在哪裡觀察）。

❁ 我 是 富 裕 。 我 是 豐 盛 。 我 是 喜 樂 。 ❁

　宇宙的所有事件，都在永恆的當下這一刻同時發生。這些事件似乎在流動的順序產生一次發生一件的錯覺，是我們人類形體的覺知或意識形態造成的結果。這導致我們一次看到一小段極為狹窄的時空連續統。我們看到小小的一片，然後是下一片，再下一片，以此類推。但我們可以擴張或收縮我們的片段，以大幅擴張或縮小我們所能看到的部分。一個擁有富裕意識的人對一切萬有的觀點是非常擴展的，因此體驗也大為擴展。

❁ 我 是 富 裕 。 我 是 豐 盛 。 我 是 喜 樂 。 ❁

構成我們每個人過去、現在、未來的事件，
都是整批給我們的……或可說，
每個觀察者隨著時間推移，發現新的時空片段，
他會覺得那是物質世界的連續外觀，不過實際上，
構成時空的這些事件在他覺察到之前就存在了。

——諾貝爾獎得主，路易‧德布羅意（Louis de Broglie）——

❁ 我 是 富 裕 。 我 是 豐 盛 。 我 是 喜 樂 。 ❁

時間只存在於你的心智。你的心智常常想要活在對未來的期許裡面，或活在過去的記憶中。這是構成心理時間的一大原因。這是另一種「時間」。時間的幻相還有很多形式，心理時間是其中一種。當心智期待「未來」的事，或是記起「過去」的事，你便體驗到這個類型的時間。這種「期待」和「回憶」創造了時間，並且招致大量痛苦和壓力。這是沒必要的。最有效益的事是不要回憶或等待，而是觀察、體驗、創造，且就在現在。**觀察、體驗、創造當下是不受時間影響的；這是宇宙的真實本質。**

　　凡事都發生在現在。你在現在回憶過去。你在現在夢想未來。你在現在學到過往經驗的教訓。你實際處於你的過去時，那一樣是在當時的現在。在過去的那個點上，如果有人問你現在在做什麼，那仍會是在現在。你在現在致力於追求未來。你將會抵達未來。你將會在現在活在你的未來。你永遠在這裡、在現在。你不能在別處。存在，如是（Is-ness），就是唯一的現在。你不能在現在以外的時刻做任何事。不然你試試看，現在就在昨天或明天做點什麼。打死辦不到吧！你只能存在於當下，在當下有所作為。一向如此。就連「明天」也發生在現在，就是現在。你看出永恆的運作方式了嗎？根本連躲都躲不過。試圖在心裡逃離現在是徒勞無功且痛苦的，那就像試圖離開一切萬有所在之處。所以佛陀、耶穌跟許多大師都教導我們不要擔憂未來。他們教導我們要靜定、安住在當下、要覺察、享受現在、一次只活一刻、要清醒。

如果想認清時間大致上是因為心智憶起過去、期待未來而創造出來的，有個簡單的方法，就是想想你睡眠的經驗。當你入眠，你可以「打卡」八小時的睡眠；醒來時卻覺得沒有經過任何時間。彷彿你入睡只是前一刻的事而已。你度過那八小時的感覺，跟你清醒時的八小時是不一樣的。可是從研究報告就知道，我們差不多整夜作夢，但即使你記得夢境，也只有寥寥幾個而已。瞧，就是這種沒有心智、沒有回憶、沒有未來的脫離狀態，才讓你覺得睡眠彷彿完全沒有用掉時間。睡眠時，你的心智和你的靈魂在同一個地方，在一塊。那個地方就是現在，永遠都是。

❀ 　我 是 富 裕 。 我 是 豐 盛 。 我 是 喜 樂 。 ❀

　　在其餘情況不變之下，一個人或社會愈能覺知時間的幻相，普及相關的教導，正確地利用時間的幻相，愈能富裕和快樂。

　　時間和意識直接相關，正是意識讓你體驗你的人生，兩者之間有明確且直接的連結。既然你知道了這一點，你的覺知程度就提升不少了。這份覺知會開始引導你擴充意識，而擴充的意識將會通往更多富裕。你一開始或許不會注意到，但只要你把意圖都放在富裕意識和覺知之上，就會水到渠成。你或許不會知道開始實現的確切時間。真相是，那已經實現了。你將會看到事實如此，隨著一天天過去，你的覺察

力一刻比一刻高，直到有一天你回顧過去，發現自己確實判若兩人。

如果你對時間的幻相仍然一知半解，別擔心。請繼續讀下去，隨後幾章會讓你撥雲見日。永遠都會有更多可以知道的事，一層又一層永不終止。你每揭開新的一層，發掘更深層的真相，你都會更享受人生，把人生變成暢快的旅程。別忘了，永遠維持平衡。

現在我們四個維度都介紹完畢，我們知道什麼構成了自己在地球上的體驗，現在可以來討論構成我們體驗的東西。這些體驗是誰建構的？又是什麼東西引發這種建構過程？首先，我們要知道存在狀態、思維、言語、行動及宇宙法則全都參與了宇宙的建構，以及空間和時間如何影響這種建構。

然後，我們會討論這個建構者。建構者是誰？就是你。所有的存有都是建構者兼共同建構者。因此問題實際上是：**你要怎麼建構快樂又富裕無比的人生？**

04

心智畫面——生命的藍圖

我是富裕。我是豐盛。我是喜樂。

走向富裕的下一步是了解生命的運作方式，亦即生命力如何接受指令，然後運用量子能量場將指令轉化為事物和新的片刻。生命會接受哪種類型的指令，來打造你生活裡每一個新的片刻？指令的格式是什麼？有哪些規範？

這一章會為你回答這些問題。這些是最根本的問題，一定要在了解之後，我們才能逐步深入討論富裕的本質。其實，你可能聽說過本章介紹的原則，這些不是什麼新觀念。儘管這些原則很簡單，融會貫通的人卻寥寥無幾，會用的人更少。

想像力是致富很基本且不可或缺的部分。致富過程的其餘部分遲早都會涉及想像力。**你的心智畫面實際上就是打造你世界的藍圖。**

在量子物理那一章，你看到物質實相如何產生的的科學解釋。在隨後幾章，你會看到想像力和生命的相互連結。在此我們先認識想像力，包括想像的心智畫面，和想像力本身。

生命是展現於外的心智畫面。意思就是說，生命或本源將你的思緒和心智畫面視為在現實世界創造你現實情況的指令。生命將你的心智畫面顯化為物質實相。顯化就是公諸於世、陳述、吐露、溝通、傳遞。生命力將你的思緒顯化為體驗以及能在物質世界辨識出來的物體，好讓你本人跟每個人都知道你有些什麼思維。你親身體驗自己的想法、你的心智畫面，如此一來，你就可以知道哪些想法是恰當的，哪些是不恰當的。這就是你認識自己的方式；這就是你體驗本我的

方式；這就是你成長的方式。這就是我們現在置身的這個物質世界的首要目的。這個世界就是設計成一個供你體驗本我的地方。你可以在這個世界體驗自己的想法，瞧瞧想法會造成什麼影響和後果。

生命不會篩選你的心智畫面，不會決定哪些畫面要顯化、哪些不顯化。生命怎麼替你作主呢？因此生命會依據你的想法和你相信這些想法的程度，全部予以顯化。你真的有自由意志。自由意志的確是自由的，因為它不加過濾、沒有偏好地發揮效應。自由意志真的是自由的，因為它確實百發百中，不是偶爾應驗，而且成效絕對精準到位。稍後，我們會清楚看到自由意志的運作方式，即使在看似不可能的時候照樣靈驗。

❧ 我 是 富 裕 。 我 是 豐 盛 。 我 是 喜 樂 。 ❧

想像力是帶領你到不曾涉足之地的力量。拿破崙・希爾（Napoleon Hill）[1] 說，想像力是當今世上已知最了不起、最神奇且強大到不可思議的力量。生命就是化為實體形式的想像力，或者說心智畫面。以圖片、電影和專注力天天餵養你的想像力。每天抽出時間仔細做這件事。想像力是最強大的力量，因為生命是靠你的想像力，才知道接下來要創造什麼。多數人用在想像的時間少得可憐。他們以瑣碎的念頭漫無計畫地想像，納悶自己為什麼發不了財。**想像力擁有奠定**

或打破你人生的力量。這是你的心智，你的選擇。

❀　我 是 富 裕 。 我 是 豐 盛 。 我 是 喜 樂 。 ❀

　　畫面。畫面。畫面！生命是展現在外的心智畫面。想像你希望擁有的生命。畫面要盡善盡美，有色彩、有細節，在你的心裡天天這樣去想。一天用一小時想像你的畫面。其餘時間，你的思緒要符合你選擇的生活，這極度重要，再怎麼強調都不為過。本源或說神的運作完美無瑕，你的願景跟想法是什麼，就給你什麼。分毫不差。不多也不少。因此，擁有清晰的畫面和想法並維持一致是極度重要的。

　　例如，很多人想要一輛好車。他們犯的錯是將目標設定為「得到好車」。他們指望宇宙給他們什麼？實際上並沒有一輛名為「好車」的車。設定要清楚！明確地觀想你要的車：什麼樣的廠牌、車款、顏色、配備。去逛逛車行，或是上網搜尋，弄清楚你想要的「好車」究竟是怎樣的車，力求精確。然後天天觀想，想得愈多，距離實現就愈近。這是有效率的想像方法。

　　生命是展現在外的心智畫面。你想出國度一個夢幻假期

1.　1883-1970，美成功學大師。就讀大學時採訪美國鋼鐵大王安德魯・卡內基，接受卡內基的邀約訪問五百多位各界成功人士，將他們的成功心法歸納成冊，著有《思考致富》、《心靜致富》等經典。

嗎？你就去旅行社，取得全部細節，包括行程介紹、航班資訊、價格、飯店、預訂租車。在你的心裡以全彩的畫面建構整趟旅程，畫面要精確。

❀ 我 是 富 裕 。 我 是 豐 盛 。 我 是 喜 樂 。 ❀

生命是展現在外的內在畫面。我們做的每一件事及體驗都具體呈現了我們的畫面、我們的想像、我們的想法。對你的畫面下功夫，想改變人生，就改變你的想像，改變你的想法。

❀ 我 是 富 裕 。 我 是 豐 盛 。 我 是 喜 樂 。 ❀

你現在的生活就是你想像過的生活。

❀ 我 是 富 裕 。 我 是 豐 盛 。 我 是 喜 樂 。 ❀

依據你想要的人生，觀想並想像你生活的每個層面，每天至少一小時。**你的生活就是你的心智畫面，這些畫面是按照你相信的程度顯化在生活中。**

❀ 我 是 富 裕 。 我 是 豐 盛 。 我 是 喜 樂 。 ❀

華特‧迪士尼（Walt Disney）不顧重重困難、批判及一連串的「失敗」，堅守他的想像，終於成為舉世無敵的娛樂天王。米老鼠是在他陷落到「失敗」的谷底時所創造出來的。沒人料得到一隻老鼠可以建立一個企業帝國。只要願意讓我們最渴盼的想像帶領我們，我們便會擁有無限的創造力。愛因斯坦說想像力是最強大的創造力。學會放開心胸，順從想像力和渴望的帶領。

❀　我 是 富 裕 。 我 是 豐 盛 。 我 是 喜 樂 。❀

　　如果要強化你的觀想，利用你每天都會有的八小時睡眠。學會在夢中「醒來」很容易。在那種狀態下，你可以充當夢境的作者，在作夢時描繪並活出你的完美生活。要記住，潛意識不會分辨什麼是真實的體驗，什麼是你想像的體驗。夢境是觀想的最佳形式。這個技巧稱為清明夢（lucid dreaming），有很多教人作清明夢的書。

❀　我 是 富 裕 。 我 是 豐 盛 。 我 是 喜 樂 。❀

　　要有活下去並致富的理由，多多益善。你理由愈多，得到的財富就愈多。與其把支付帳單當成追求富裕的唯一原因，不如增加其他理由，諸如旅遊、收集藝術品、買房子、擁有漂亮的服飾、用禮物表達你對別人的關愛、用好東西寵

愛你的親朋好友、買一艘船、拯救環境等等。精準地觀想這些原因，它們可以說服潛意識或你的心將這個目標內化。這些原因也能充當潛意識賴以運作的素材。你的原因愈多，想像愈有力，就愈快見效。

❀ 我 是 富 裕 。 我 是 豐 盛 。 我 是 喜 樂 。 ❀

讓你喜愛的事物的圖像充滿你的生活。去找有你喜愛的車輛、住宅、地點、物品、身材、運動、活動的文宣和雜誌。你願景中的畫面愈清晰，你愈能明確、迅速地實現願景。

❀ 我 是 富 裕 。 我 是 豐 盛 。 我 是 喜 樂 。 ❀

夢想要宏大，在你心中的地位要崇高並且一致，夢想便必須化為實體，這是天條。根據宇宙法則，必定會實現。不用擔心夢想怎麼成真。你只管做好份內事，亦即讓你的思想、行動、言談都符合你的夢想，一切便會替你辦妥。你儘管夢想和觀想，然後開始付諸行動。去做你覺得應該為夢想而做的下一件事，繼續前進。**你做的這一點事將會觸發你之前沒有預見的其他事情，如此反覆去做，直到你的夢想成真。**

❀ 我 是 富 裕 。 我 是 豐 盛 。 我 是 喜 樂 。 ❀

你有沒有每天至少抽出三十分鐘，專門用在觀想和想像你的未來？生命是展現在外的心智畫面。規劃你生命的力量正是想像力。要抽出想像的專屬時段，但其餘時間也要以願景為依歸。

❀ 我 是 富 裕 。 我 是 豐 盛 。 我 是 喜 樂 。 ❀

世界是一場幻相，這點讀到後文時會清楚許多。把世界視為一個幻相，相信世界就是一個幻相，一個用來協助你認識並體驗本我的幻相。只要你這麼做，就會永遠記得將下一個版本的幻相打造成你想要的樣子。你確實是把自己篤定描繪好的心智畫面創造成下一個版本的世界。世界不必維持原狀；世界會是現在的模樣，只是因為我們全都認同現狀。

❀ 我 是 富 裕 。 我 是 豐 盛 。 我 是 喜 樂 。 ❀

你的潛意識不會辨別什麼是清晰鮮活的想像，什麼是實際的體驗。

❀ 我 是 富 裕 。 我 是 豐 盛 。 我 是 喜 樂 。 ❀

觀想可創造新的潛意識。觀想你最狂放的夢想和幻想。活得開闊！用信心、信念、篤定支援潛意識。

✿　我 是 富 裕 。 我 是 豐 盛 。 我 是 喜 樂 。 ✿

　　潛意識是存放你自我形象的地方。潛意識引發你在顯意識的想法和你的行動。當你利用觀想和信念重新設定潛意識，你便重新設定了你的世界。你的世界將你的自我形象揭露給你看，好讓你可以親身體驗。

✿　我 是 富 裕 。 我 是 豐 盛 。 我 是 喜 樂 。 ✿

　　你的生命就是以物質事物呈現你的心智畫面、你的想像。更精確地說，**生命就是將你最深信不疑的畫面，不分好壞，不論你有沒有意識到，一律顯化在物質世界中。**

✿　我 是 富 裕 。 我 是 豐 盛 。 我 是 喜 樂 。 ✿

　　要怎麼做到不可能的事？讓你的想像力飛翔吧。

✿　我 是 富 裕 。 我 是 豐 盛 。 我 是 喜 樂 。 ✿

　　對你的心智畫面充滿興奮。用正向的情感為畫面注入能量。情感就是正在活動的能量。感恩是威力最強大的情感之一。讓你的心智畫面盈滿你身體的每個細胞。即使你現在沒有體驗到，但照樣在每個細胞注入你對目標已經實現的感恩

之情。依據宇宙的完美法則（你連請求都沒提出，便為你實現了），你已經自動接收到了。當你採取行動，記得在行動中注入相同的感恩。

✤ 我 是 富 裕 。 我 是 豐 盛 。 我 是 喜 樂 。 ✤

你選擇畫面，本源或神則不費吹灰之力地完美達成任務，那是約定好的。

✤ 我 是 富 裕 。 我 是 豐 盛 。 我 是 喜 樂 。 ✤

顯意識創造潛意識的銘記。意念反覆出現，就會在潛意識留下銘記。然後，潛意識便會實現這些畫面，或者說是使這些畫面展現在外，顯化為實體。顯意識不會顯化畫面。顯意識只能透過重複、信心、信念、篤定來影響潛意識。原因在於顯意識會存放各式各樣的想法，包括你相信的想法和你不信的想法。顯意識就像一隻野猴子，撲向你一整天裡的那許多思緒。潛意識則只保存你認定的真相、你相信的事。潛意識留存你的根本想法（sponsoring thoughts）。因此，只有潛意識（有人稱為「心」）能引發顯化。

✤ 我 是 富 裕 。 我 是 豐 盛 。 我 是 喜 樂 。 ✤

你的潛意識只接收肯定的意念，不接收否定的意念。如果你的觀想和設定的目標是「我不再貧窮」，潛意識只會接收到「貧窮」。因此，要改成「我很有錢、富裕、豐盛」之類的句子。潛意識不會內化「不」，它不會內化否定句。只內化「我是」什麼什麼，而非「我不是」什麼什麼。

❀ 我 是 富 裕 。 我 是 豐 盛 。 我 是 喜 樂 。 ❀

重複是力量。專注也是力量。

❀ 我 是 富 裕 。 我 是 豐 盛 。 我 是 喜 樂 。 ❀

觀想你的目標時，要當作你已經擁有你想得到的事物。嘴上說的跟心裡想的都要使用「我是」的句型，不要用「我將會」。這攸關重大。「我是」是力量。稍後，你會看到為什麼這符合科學。當下是唯一存在的時刻，其他的全是幻相。

❀ 我 是 富 裕 。 我 是 豐 盛 。 我 是 喜 樂 。 ❀

在其餘情況不變之下，一個人或社會愈能正確地抱持正向且宏觀的畫面，愈能富裕和快樂。

既然創造的基本原理已說明完畢，我們接下來討論的議題會愈來愈大。記住你現在對畫面的認識，要有這份知識

才能繼續建立你對富裕的了解。隨後的較大議題可以讓你更深入了解這一課討論的畫面，包括在經驗、科學和靈性層面上。讓我們繼續前進吧。

05

思想與言談——

學會向生命下指令

❀

我是富裕。我是豐盛。我是喜樂。

❀

跟畫面密切相關的是思想。正如同生命是展現在外的心智畫面，生命也是展現在外的心智思想。換句話說，生命是展現在外的心智。你的外在實相是你心智最稠密的部分，兩者之間沒有分隔。你跟外在世界之間的分隔是假象。隨著本書進展，你會親眼看到為什麼事實如此，在科學上與靈性上皆然。

　　生命就是展現在外的心智。外在世界是你的本我最稠密的部分，是你心智的延伸。等你終於不再相信分離的假象，你的力量將會大增。即使是現在，你仍然可以改變你的心智，進而改變你的世界。你現在可以明白這是如何實現的，隨著本書進展，你會看到進一步的科學證據。遲早，分隔的假象會消失無蹤，到時你會透徹了解這項事實。但即便是現在，光是知道這一點也能給你力量。

　　這一章是教你符合宇宙之道和宇宙法則的思考方式，就是意圖明確地和宇宙本身共同創造，打造一個你想要居住的世界，而非活在你莫名其妙棲身的世界裡。這一章討論宇宙法則的方式，將有助於讓拼圖片回到正確的位置。

　　好，就讓我們潛進心智裡。你的世界是你心智最稠密的部分。

　　生命是展現在外的思想。以下改寫前文對心智畫面的描述，生命或本源將你的思緒視為在現實世界創造你現實情況的指令。生命將你的思想顯化為物質實相。顯化就是公諸於世、陳述、吐露、溝通、傳遞。生命力將你的思緒顯化為

體驗以及能在物質世界辨識出來的物體，好讓你本人跟每個人都知道你有些什麼思維。你親身體驗自己的想法、你的心智畫面，如此一來，你就可以知道哪些是恰當的，哪些是不恰當的。這就是你認識自己的方式，這就是你體驗本我的方式，這就是你成長的方式。這個世界的設計是讓你可以體驗本我。你可以在這個世界體驗你的想法，瞧瞧想法會造成什麼影響和後果。

❀ 我 是 富 裕 。 我 是 豐 盛 。 我 是 喜 樂 。 ❀

你的外在富裕狀態是你內在富裕狀態的延伸及證明。你在財富方面的思緒有多清晰、篤定，證據就在你的外在。

❀ 我 是 富 裕 。 我 是 豐 盛 。 我 是 喜 樂 。 ❀

生命不會篩選你的想法，不會決定哪些要顯化、哪些不顯化。生命怎麼替你作主呢？因此生命會依據你持有的想法和你相信這些想法的程度，全部予以顯化。你真的有自由意志。自由意志的確是自由的，因為它不加過濾、沒有偏好地發揮效應。自由意志的確是自由的，因為它確實百發百中，不是偶爾才應驗，而且成效精準到位。

❀ 我 是 富 裕 。 我 是 豐 盛 。 我 是 喜 樂 。 ❀

你對人生各個議題的想法有多不覺察、不深思熟慮、不專注，你就有多容易被其他人思緒造成的結果牽著走。你的思緒愈清晰、聚焦、不矛盾，便愈能提前看到結果。有些人僅僅是強力而專注地只想一件事，就能做到許多人所說的奇蹟。他們連半刻都沒有想過，自己要的結果或許不會如願實現。

❀　我是富裕。我是豐盛。我是喜樂。❀

　　受苦永遠都是抱持錯誤想法的結果，那表示你拂逆了宇宙法則。痛苦存在的唯一目的是讓你知道自己的想法錯了，還有其他對你較有益、層次較高的想法存在。一旦你轉換到較高層次的作法及較高層次的想法，痛苦會立刻平息。正在受苦時，不要試圖抗拒。要敞開心胸檢視，答案一定會顯現在你面前，絕對不會落空。

❀　我是富裕。我是豐盛。我是喜樂。❀

　　專注能提升思緒的力量，使目標加快實現。

❀　我是富裕。我是豐盛。我是喜樂。❀

　　你的夢想、思緒、願景將會建構你的世界。你的高低起

伏，是隨著你的想法而高低起伏的。

✿ 我是富裕。我是豐盛。我是喜樂。✿

重複可促進整合和內化。反覆閱讀本書，以正確的思維反覆思考，可以汲取智慧。事物可透過反覆再三而根植在潛意識。這些事物將會跨越疆界，成為你。

✿ 我是富裕。我是豐盛。我是喜樂。✿

看看你今天的思緒、言談、行動，以因果律推測一番，你就能預測未來。

✿ 我是富裕。我是豐盛。我是喜樂。✿

你的問題絕對不會得不到答案。任何真心誠意堅定地提問，都會得到確切的回覆。不多也不少。如果你真心誠意且堅定地追尋如何賺到一百萬的答案，宇宙便會暗中策畫，為你奉上可以給你答案的知識、工具、人和事件。如果你想問怎樣賺到十億元，你也會得到符合金額的答案。愛因斯坦不是一生下來就是數理天才。他只是提出正確的問題，而且問得心誠意正又堅定不移。瞧，宇宙是依據完美的法則運作，絕不會犯錯，對人也不會厚此薄彼。一旦你了解宇宙那深

邃、複雜卻簡單的規則是完美平衡的，就不可能成功不了。每次你看到宇宙裡出現混亂、不按牌理出牌的情況，你只不過是看到了自己仍然不懂的事。但那仍是基於某些法則的安排，可用某些法則予以預測。對本源或神來說沒有難事。完美與平衡是本源的本質。因此，所有的法則都一體適用、四海皆準且始終如一，只要誠摯且堅定地提出正確的問題就好。

❀ 我 是 富 裕 。 我 是 豐 盛 。 我 是 喜 樂 。 ❀

要明確，不要老是三心二意。每個思緒都算數，都會有結果。老是變卦會把宇宙「弄昏頭」。想像你走進旅行社說：「我要去旅行。」然後用茫然的眼神看著服務人員。服務人員已經準備好替你訂位，但在你說出目的地之前不能行動。想像你現在說：「好，我要同時去莫斯科跟廷布克圖。」服務人員一樣無法達成你的要求。現在想像你說：「好吧，幫我訂去莫斯科的行程。不對，等一下，改成廷布克圖。慢著，是莫斯科。不，等一下！我不確定我是不是付得起。不，我付得起。不，也許我根本不想去那裡，也許我根本不想去旅行。」很多人整天的思緒就是這樣。他們的想法把宇宙「弄昏頭」，就像上面例子的旅行社一樣。舉棋不定導致他們得到「昏頭」的結果。

❀ 我 是 富 裕 。 我 是 豐 盛 。 我 是 喜 樂 。 ❀

你把注意力放在哪裡，那裡便會得到來自你的能量，開始滋長。移除注意力，那裡便會消亡。擺放注意力的時候要自覺、慎重。意圖與注意力形影相隨。**你將意圖跟注意力擺在什麼事物上，那件事物便開始成真。**

❀　我　是　富　裕　。　我　是　豐　盛　。　我　是　喜　樂　。　❀

　　我們有什麼思維，就會變成什麼人。我們是自己思緒的總合。

❀　我　是　富　裕　。　我　是　豐　盛　。　我　是　喜　樂　。　❀

　　所有的自然法則都永遠運作順暢，連一次都不會失誤，不然宇宙就要天下大亂了。本源的本質是完美。**你會變成自己所想的事物，絕無例外。如果你想的是富裕，而且沒有自相矛盾的思緒，你就會富裕起來，絕無例外。**

❀　我　是　富　裕　。　我　是　豐　盛　。　我　是　喜　樂　。　❀

　　物質只是化為實體的思緒。

❀　我　是　富　裕　。　我　是　豐　盛　。　我　是　喜　樂　。　❀

永遠沉著。沉著的心不受恐懼、焦慮造成的情況影響。絕不在困惑、焦慮的心智狀態下繼續行動。在那種狀態時的思緒是反覆不定、自我毀滅的。先冷靜下來，在你行動前提醒自己宇宙的法則。

❇ 我 是 富 裕 。 我 是 豐 盛 。 我 是 喜 樂 。 ❇

思緒會吸引類似的思緒。靈魂會吸引類似的靈魂。心智會吸引類似的心智。這是一支反覆循環的舞蹈。就這麼回事。另一種正確的說法是思緒會吸引類似的物質，而物質是物體化的思緒，亦即，是思緒製作而成的物體。還有，身體和世界是心智比較稠密的延伸，心智則是身體和世界比較精細的延伸。當中是沒有分隔的。運用這項知識去了解並重新建構你的周遭環境、你的財富、你的健康。

❇ 我 是 富 裕 。 我 是 豐 盛 。 我 是 喜 樂 。 ❇

別把心思放在不滿意的事情上，即使你現在感到不滿也一樣。否則那只會餵養、支持不如人意的情況。改變你的態度；將這些情況視為你以前思緒的完美結果，以及重建全新的你的機會。感謝這些情況賜予你的這份禮物。

❇ 我 是 富 裕 。 我 是 豐 盛 。 我 是 喜 樂 。 ❇

意圖、信念、超然這三者讓你可以沉著面對人生，知道宇宙永遠會滿足你的意圖，但宇宙會以超出你理解能力的順序和智慧，以最恰當的方式替你辦到。你的生命會開始出現轉機，你會開始露出笑容，讚嘆每件事似乎都迎刃而解。面對挑戰或問題時，你可以輕鬆以對，因為你知道那都是你想要的結果的一部分。凡事都會替你擺平的。挑戰或問題甚至都還沒浮現，便已經解決了。難關顯現只是為了帶你走向符合你想要的結果。用這種態度面對人生，你會發現人生會自動為你解套，完全依據你用信念奠基的欲望和意圖行事。你操練這套作法，累積自信，對這套新的生活方式愈來愈自在，恐懼、焦慮、挫折、「失敗」的老習慣會漸漸消失，你成功的速度會加快。當你逐漸熟練，愈來愈能覺察並意識到你的整個本我，在你思緒及其物質顯化之間的間隔將會縮短。最後，間隔將完全消失。由古至今，具備這種本事的人的確大有人在。

❀ 我是富裕。我是豐盛。我是喜樂。❀

許多人發現，生命最神奇之處，在於創造的行為大致上就是醒悟到一件事物已經存在。宇宙的設計便是如此。一切全在此地、此刻，所有可能存在的事物。我們可以透過選擇來體驗已經存在的事物，你對生命的認識和覺知愈深入，愈能作出這樣的選擇。

❀　我　是　富　裕　。　我　是　豐　盛　。　我　是　喜　樂　。　❀

　　要有意圖，但不要有偏好或執著。以意圖和欲望選擇未來的結果，同時仍接受當下的每一刻。**當下的每一刻都是你過往思緒、狀態、行動的完美結果。這是送給你的禮物，以便供你體驗自己、從中成長。抗拒、詛咒當下，只會延長當下的情況本質。**

❀　我　是　富　裕　。　我　是　豐　盛　。　我　是　喜　樂　。　❀

　　跟自己說話，問自己問題，並期待得到答案。你很快便會掌握到從內在得到答案的訣竅。答案是透過感覺來呈現，而非言語；但你會知道那些感覺的意思，你可以掌握到答案的要旨或完形（Gestale）。[1]

❀　我　是　富　裕　。　我　是　豐　盛　。　我　是　喜　樂　。　❀

　　學會分辨什麼是真實的感受和思緒，什麼是偽裝成感受的情緒。

1.　又譯格式塔，主張整體不等於個體的總合，因為我們對事物的認知除了客觀事實，還會加上個人的主觀想法。在本句指得到對答案的整體概念。

　　當你有了意圖，心念就要專一。不要在各種選項之間左右搖擺，或為了個人偏好而猶豫不決。練習在當下這一刻超然。愉快地接受當下正在發生的事，因為那是你用以前的思緒、言談、行動、存在狀態而招徠的情況；這些情況會出現，只是為了讓你檢視自己，就像一面影像活生生的大鏡子。你抗拒的事物會持續存在。不要希望當下的情況要是不一樣就好了。快樂地活在當下。將心放在當下，但在選擇你要的未來及對未來的意圖時，心念要專一，焦點要清晰，而且要精準。

❀　我　是　富　裕　。　我　是　豐　盛　。　我　是　喜　樂　。　❀

永不停止學習。

❀　我　是　富　裕　。　我　是　豐　盛　。　我　是　喜　樂　。　❀

　　觀察並肯定真相，真相會讓你重拾自由。破產了就直說。正視破產的事實。承認事實。然後找出造成破產的那些錯誤思想。永遠要承認事實，因為抗拒的事物會持續存在；你正視並攤在檯面上檢視的事物則會釋放你。但要留意你認錯的方式。不要只說：「我破產了。」較正確的說法是：「我

之前的想法、行動、存在狀態導致我現在觀察到的破產狀態顯化。」其實，**永遠不要說、想、感受負面的想法。宇宙永遠都會實現「我是」的宣告。**

❀ 我 是 富 裕 。 我 是 豐 盛 。 我 是 喜 樂 。 ❀

去改變起因，而非其效應。想法才是起因，物質實相是效應。試圖直接改變效應就像用頭去撞牆壁。例如，如果你的銷售業績下滑，不見得是行銷做壞了。也可能是你對生意或生意其中一個層面懷有負面的態度。有的人會有「我討厭上班。」「我討厭這個差事。」「我討厭客服的工作。」「但願可以徹底放鬆，整天閒著。」這類態度，如果你有這種想法，而納悶為什麼不管你怎麼做，生意都沒有起色，這可能就是一個原因。深入挖掘，要覺察、分析你的狀態和想法。這些想法永遠都是根本的原因。

❀ 我 是 富 裕 。 我 是 豐 盛 。 我 是 喜 樂 。 ❀

此刻、此地是可能需要一點時間才能體會的概念。明白這一點，便能給你強大的力量。記得嗎？我們說過在你的世界裡發生的事物，都是因你而起的。那些花了時間研究、體驗這一點的人，可從親身經驗知道每個人的世界百分之百是自己造成的。現在，記住思緒需要一段時間才會顯化，視

主題而定。當你用眼睛看東西，你看了什麼？你眼睛看見什麼？如果你觸目所及的一切事物都是因你而出現，而思緒需要時間來顯化，你顯然正注視著你自己各個階段的「過去」。把前一句話重看一遍。

凡事都是幻相。幻相的目的是供你檢視自己，以便你創造下一個版本的你。你可以設計自己的成長。你眼睛看到的幻相，是你以前在不同階段設計的幻相。真正的你，你的本我，遙遙領先你。你此刻的思緒極為貼近真正的你，拖在你背後一點點的地方。引發你思緒的是真正的你，這個沉默無語的你迸發思緒，是觀察者、是靈魂。但那是另一個主題，讓我們回到幻相的主題，談談如何利用幻相創造富裕。對於你肉眼看到的這個世界，一個運用方式是將它視為你的過去，積極且慎重地利用它來觀察你的本我，看看要變更什麼、要如何成長。這是運用幻相的一種方法，是一份送給你的貼心禮物，以便你認識自己的本我。

❀ 我是富裕。我是豐盛。我是喜樂。❀

現況是以前的思緒帶來的結果。也就是說，當你看著今天的世界，你其實在看昨天的自己。這個世界在當下的每時每刻，都反映出你在現在這一刻之前的思緒跟存在狀態。這全是幻相。將幻相視為幻相並加以利用，你會有美滿、富裕的人生。

❀ 我 是 富 裕 。 我 是 豐 盛 。 我 是 喜 樂 。 ❀

　　瘋狂就是重複同樣的作法，卻指望得到不同的結果。你在做什麼？你是不是天天做相同的事，並期待會有不一樣的結果？是的話，現在就哈哈大笑吧，笑個前翻後仰；然後從這一刻開始改變。就從現在起。

❀ 我 是 富 裕 。 我 是 豐 盛 。 我 是 喜 樂 。 ❀

　　有「根本想法」這種東西存在，也就是思緒背後的思緒。一個根本想法的創造力超過它引發的想法。我們平常說的想法其實是受到其他想法引發的想法。仔細檢視你的想法。這些想法都有一個根本的想法、一個起因。如果你浮現自己需要進食的想法，這個想法背後有一個起因、一個根本的想法，以這個例子來說，就是你餓了的信念。要開始察覺這些根本想法。根本想法來自你的潛意識，有的人稱為「心」。根本想法反映出你真心相信、認定真實不虛的事物。這是你的潛意識程式。如果你的想法跟根本想法對一件事的立場不一致，互相衝突，勝出的會是根本想法。**所以乞求神實現一件事的人，祈禱從來都不會得到「回應」，因為他們的根本想法表達的是「沒有」或「缺乏」。要覺察自己的根本想法，予以修正。**

❀ 我是富裕。我是豐盛。我是喜樂。❀

科學界證實了深度靜坐可以暫時關閉告訴你「身體邊界」的大腦部位。靜坐吧，你會接觸到廣闊得不可思議的心智和意識。豐沛的想法會冒出來，商務解決方案、生意上的新點子、發財策略只是其中幾個例子。有人說過，如果你不走向內在，外在將會匱乏。

❀ 我是富裕。我是豐盛。我是喜樂。❀

不要批判，不要譴責。這些思緒使你消極，導致你批判或譴責的事物持續存在。這造成阻滯跟許多無益的結果。

❀ 我是富裕。我是豐盛。我是喜樂。❀

知覺的擴展可擴展富裕。寬恕可使知覺擴展。當你原諒別人跟自己做了你認為不對的事，你便敞開了自己，願意看見你跟別人的真面目。你敞開自己，去看你可能疏忽掉的美及能力。你的包容力變大，你擁抱自由和愛。你對侷限的信念會減弱。許多擴展你知覺的事發生了。擴展後的知覺則擴展你的意識、你的能力、你的機會、你的人脈，以及許多能帶領你走向富裕的事物。

❀ 我是富裕。我是豐盛。我是喜樂。❀

多數時候，你最熱切、最堅信不移的想法，將會變成你。

❀ 我是富裕。我是豐盛。我是喜樂。❀

據說，一個人一天約有五萬條思緒。有的思緒使你走動、搔癢或控制你的生理機能。有的是無意識的白日夢。很多思緒是重複的。只有少數思緒是在覺察且深思熟慮的狀態下發出的。觀察你的思緒，覺知到你的思緒。思緒不要像以前一樣散亂。讓愈來愈多思緒是在覺察且深思熟慮的狀態下發出。經由覺察思緒，你可以覺醒，開始深思熟慮地設計自己的生命。決定你要開始覺察，就會有覺察力。

❀ 我是富裕。我是豐盛。我是喜樂。❀

將你的心智變成一座只容許正向思考、正向影響力進入的美麗晴朗島嶼，全面杜絕負面的思緒或影響。言行舉止要活像你腦子裡有一支警醒的正面心念防衛隊，二十四小時都守護你，防禦內在和外在的負面勢能，而且戰無不勝。

❀ 我是富裕。我是豐盛。我是喜樂。❀

組成一個智囊團。這是由想法接近的人組成的團體。要經常聚會，交流你們的想法、資料和動機。有至少兩人聚在一起時，力量會倍增，群體的整體力量會超過個別成員的力量總合。智囊團的威力強大，每一位成員的力量都會大大倍增。

❀ 我 是 富 裕 。 我 是 豐 盛 。 我 是 喜 樂 。 ❀

負面思緒浮現時，就在那個瞬間說「停！」，立刻把思緒改成正向，連一秒都不要去想負面的想法。但是要記住，別把這跟抗拒負面思想混為一談。你抗拒的事物會持續存在。兩者截然不同。負面的影響可能來自朋友、電視、新聞、你的想像、你看見的事物等等。當你注意到這些負面的影響力跟想法，立刻阻斷就好，不需抗拒。如果負面的心緒強烈到你覺得不抗拒不行，也就是你不能單純地繞道而行，不予抗拒，那就跟負面心緒正面相對。不要抗拒，乾脆把它攤開來看，面對它，以超然的立場檢視它、直視它，看它的組成成分是什麼、為什麼會冒出來、為什麼對你造成目前的影響。分解它、理解它；了解它的動力從何而來。捫心自問為什麼會有這份負面心緒，以及它的真面目是什麼。保持警覺、注視負面心緒，研究它的構成成分，找出它的根本原因和答案，你便能克服它。

❀ 我 是 富 裕 。 我 是 豐 盛 。 我 是 喜 樂 。 ❀

你會先在心裡抵達你要去的地方。我們先在心裡攀登聖母峰，我們先在心裡上月球，你先在心裡學會走路，**先在心裡做到你想做的事，就這麼簡單。任何你想擁有的事物，先在心裡擁有它。**想要一棟新豪宅，就先在心裡建構豪宅的精確細膩畫面。先在心裡住進這棟豪宅，豪宅的實體隨後會出現。

　　❀　我 是 富 裕 。 我 是 豐 盛 。 我 是 喜 樂 。 ❀

　　盡可能不要去看或讀壞消息，即使你認為壞消息對你的生意有利也一樣。壞消息創造的不良畫面會干擾你最宏偉的願景。世界在你眼中的樣貌，是你選擇看見的那一種樣貌。壞消息常是自我實現的預言。

　　❀　我 是 富 裕 。 我 是 豐 盛 。 我 是 喜 樂 。 ❀

　　現在，你知道思緒創造你的實相。但如果你試圖將你今天全部的實相對映到你今天的思緒，你就錯了。今天的思緒會影響一些今天的事物，但在你今天的實相中那些比較「堅實」的事物，是你很多天的舊思維帶來的結果。視思緒的主題、焦點、篤定的程度而定，思緒顯化成物質形態所需的「時間」長短不一。

　　❀　我 是 富 裕 。 我 是 豐 盛 。 我 是 喜 樂 。 ❀

想想你的思緒。想想你在想的事。留意你的思緒，慎選你的思緒。

　　想法是超脫時間之外、永恆的。你可以刻意創造你的過去，效果跟你平常刻意創造未來一樣。多數人想都沒想過這種可能，這卻是威猛又有用的可能。這種能力來自靈超脫時間的本質，也來自整個宇宙基礎建材的量子能量封包超脫時間的本質。

　　已經有物質實體的事物可以用思緒改變，但要改變已有物質實體的事物，難度遠遠超越將尚無物質形態的東西顯化為實相。

　　不間斷地祈禱是什麼意思？想一下吧。古有明訓，你連祈求都沒有，便已經給你了。還說如果你祈求，便要給你。發現了沒？祈求不是乞求。你不是向本源乞求，你連請求都沒有提出，一切便給你了。**乞求跟匱乏感帶給你的，就是你**

乞求、渴盼的事物持續付之闕如。這不只是靈性概念，還可以用量子物理學證明。

量子「湯」確實包含萬物的所有可能狀態，就在此刻、就在此地。也就是說，那條靈性法則[2]的允諾也符合科學事實。還說，如果你能相信，什麼都辦得到。[3]還說，不論你將注意力和意圖放在什麼事物上，那件事物便會成形。這便是運用量子「湯」的純粹能量創造事物的方法，即透過注意力、意圖和信念。古往今來各個文化的許多大師、教師、智者告訴我們不要擔憂，保持超然，信任宇宙的神祕運作。不只因為宇宙以至高的智慧運作，也因為你可能不知道你的靈魂或高我的選擇。

據此，不間斷祈禱的意思如下。你有欲望；你憑著意志讓欲望實現、顯化。你全心全意地發出意圖，清楚、專注、篤定的意圖。你可以用任何你知道的方式，將這份意圖轉達給本源。其實單純的意圖便夠了，但假如你有空的話，靜坐吧，靜定的效果比較好。

當你傳達了意圖，就要保持超然。也就是你置身幕後關注它，沒有任何它應該以何種方式、在特定「時間」、以何種順序實現的欲望。因為你知道這一套是靈驗的，因為你篤

---

2. 指前文：凡祈求的，就得著；尋找的，就尋見。出自《聖經》馬太福音第七章第八節。

3. 《聖經》馬可福音第九章第二十三節：你若能信，在信的人，凡事都能。

定且言行一致，超然且感恩。你的意圖將會以最出人意料、神奇的方式實現。這就是祈禱。

不間斷地祈禱，要每天持續一整天，將意圖聚焦在你所有的生命欲望之上，並保持篤定、超然和感恩。你不是只在一天裡的特定時段這麼做一次，在其餘時間裡的行為卻完全是另一回事，或依舊混亂糊塗。不間斷地祈禱必須成為你的生活方式，也就是說，祈禱應該要活躍、隨時存在，成為你日常清醒時間的一部分。這是跟本源共同創造；這會推動你採取行動；這是有主見。這不是我們很多人小時候學到的定時、消極、無助、情緒化的呼求。凡祈求的，就得著；尋找的，就尋見。然而在你祈求之前，一切便給你了。內心要有定見，參與共同創造，隨時臨在當下，並且感恩。決意接收，不要乞求，這就是不間斷地祈禱。甩掉祈禱等於哀求神幫忙的想法。別再認為神會選擇要不要幫你、下凡一肩扛起你跟祂的事。

祈禱其實是抒發意願，抒發意願是共同創造。你的分內事是使用明確的意圖、篤定、感恩、超然。絕對要篤定；務必要知道你擁有這份力量；一定要信任本源對你的計畫是友善的。你的祈禱、你的意志將會得到「回應」，端視你能做得多徹底而定。

本源不會用一套準繩來決定實現某些祈禱，不實現某些祈禱。宇宙法則對所有人一視同仁，始終如一。祈禱是向內走的能量過程，是你不執著於一定要得到回應的向外呼求，

沒有一絲懷疑。那是強烈而篤定的意願。**當你醒悟到連要求都不是必要的──你跟一切萬有是一體的，包括任何你想擁有的事物，你就是答應實現願望、傳遞的人，你將會真誠地祈禱，而且絕對會如願以償。你的祈禱將是對已經給你的一切的純粹感恩，甚至早在你祈求之前。提出要求是不必要的。只要感恩、微笑！**

❀ 我 是 富 裕 。 我 是 豐 盛 。 我 是 喜 樂 。 ❀

還有，別停止找樂子。樂活人生！生命是喜樂。生命的精髓是喜樂。凡喜樂所在之處，創造就很活躍。在喜樂所在之處創造富裕會比較容易，喜樂讓富裕有了意義。

❀ 我 是 富 裕 。 我 是 豐 盛 。 我 是 喜 樂 。 ❀

你心智所想的內容和內心的感受，就是你會變成的樣子。

❀ 我 是 富 裕 。 我 是 豐 盛 。 我 是 喜 樂 。 ❀

你觸目所及的每一件事物，都曾經是某個人的想法。看看你的周遭。任何東西在存在之前，都必須先是某個人心裡的想法。

❀ 我 是 富 裕 。 我 是 豐 盛 。 我 是 喜 樂 。 ❀

一個人怎樣思量，就會是怎樣的人。

——《聖經》箴言第二十三章第七節——

❀ 我 是 富 裕 。 我 是 豐 盛 。 我 是 喜 樂 。 ❀

你的心智是無限的。

❀ 我 是 富 裕 。 我 是 豐 盛 。 我 是 喜 樂 。 ❀

在其餘情況不變之下，一個人或社會愈能正確地抱持正向且宏觀的想法，愈能富裕和快樂。

好，我們又介紹完一項基礎建材了。你現在知道創造富裕的正確思考及言談方式。在思想的範疇中還有一個步驟要介紹。我們看到了畫面的運作方式。畫面是思想的一個層面，然後我們全面討論完畢思想本身。現在該來談談思緒的最後一個層面：目標。

06

目標——

通往富裕以及抵達富裕後的路線圖

我是富裕。我是豐盛。我是喜樂。

設定目標有一套規矩。目標的真正作用是什麼？目標能讓你以正確的思想模式富裕起來。目標讓你的思緒聚焦，提供正確的思緒格式給宇宙，讓你的畫面一致而不渙散。因此，訂立目標有一套正確作法。

　　設定目標很重要，這已經說得很多了。設定目標不是新的觀念。但你現在即將看到的內容，對你來說很可能是新觀念。你現在會看到應該怎樣訂立目標，才能迅速富裕。設定目標是很好，但訂立方式正確的話，效力將非常強大。

　　歡迎來到強效目標的世界！**你的目標就是在預言你日後要變成的模樣。**

　　如果你不知道自己要往哪裡走，最後就真的是不知所終（那到底是哪裡？）。不作計畫，就是計畫失敗。如果你沒有明確的目標，就不會有明確的結果。記住，本源會擷取你的思緒、你的心智畫面，然後顯化在你的實相中。你在量子物理那一章清楚看到在科學上這是如何發生的。**你的思緒和畫面就是你世界的設計藍圖，是你創造的，也是為你創造的。**目標是有計畫的思緒，有方向的思緒。缺乏有計畫、有方向的思緒，你的生活將會沒有計畫、沒有方向，看來沒有章法、看來不可靠。

　　❀ 我 是 富 裕 。 我 是 豐 盛 。 我 是 喜 樂 。 ❀

只要知道你要去哪裡，如何抵達的答案會在時機成熟時

出現。不要擔心。只要相信你會如願以償。

❀ 我 是 富 裕 。 我 是 豐 盛 。 我 是 喜 樂 。 ❀

你的想法、願景、夢想，不論是什麼，都預言你有朝一日會有的樣貌和成就。檢視你今天的內在自我，就能預測你明天的外在生活。改變你今天的內在自我，就是改變你的明天。

❀ 我 是 富 裕 。 我 是 豐 盛 。 我 是 喜 樂 。 ❀

鄭重看待目標。有一項研究是追蹤美國某長春藤盟校畢業生在離校二十年內的發展。研究開始時，三％的畢業生寫下了目標。二十年後，那三％的人的財富，超過其餘九十七％的人的總合。報告指出，他們對生活也比較滿意、愉快。

❀ 我 是 富 裕 。 我 是 豐 盛 。 我 是 喜 樂 。 ❀

世界各地有願景、有夢想的人，包括：發明家、藝術家、哲學家、教育家、智者、商人、設計師、科學家、領袖及任何夢想宏大並勇於創造的人，是在世界幕後的救星和推動力。這個世界活在他們的想法和作法之中，不容他們的想

法白白消逝。世界因為這些有夢想、有願景的人而美麗。整體說來，世界和宇宙傾力支持這些夢想，只要這些夢想家相信這一點並且知行合一即可。宇宙、世界、本源、神是友善的，會支持你的夢想和抱負。只要有願景並相信這個願景，視你相信的程度而定，你便能實現願景，絕對萬無一失。其餘一切都會挺你。因此夢想要大！夢的確要非常、非常大！

❀ 我 是 富 裕 。 我 是 豐 盛 。 我 是 喜 樂 。 ❀

隨波逐流是最恐怖的敵人。如果你凡事作法都跟別人如出一轍，你下場會跟別人相同。每天早上大家會起床，上跟別人一樣的班，做一樣的事。但問他們為什麼，他們也說不出個所以然。他們整天辛勤工作只是因為別人都這樣，而他們上班是為了付帳單、養家活口。

如果你三十歲，跟每個人一樣認真工作，跟別人沒兩樣，都沒嘗試其他的事，看看現在五十歲的那些人，大致上，你就能一眼看出自己五十歲的人生樣貌。現在五十歲的人多數都財務獨立或富裕嗎？不，並沒有。現在的人絕大部分並不富裕或財務獨立。但他們其實辦得到的，只要他們選擇不再只因為「大家都這樣做」而隨波逐流。

想要得到比別人好的待遇，就得做一件與眾不同的事。你要有明確的目標、原因、願景跟富裕意識。閱讀本書，你就走向了不一樣的人生，而且是可以富裕起來的人生。天天

操練本書的內容，你就符合成為富裕的條件。

　　講實在話，即使你才十八歲或更小，也能自力更生、財務獨立、富裕起來。一切全看你著手設定目標和願景、打造富裕意識的時間有多早、多強烈、多精準、多篤定。光是勤奮工作不是富裕的關鍵。**發財的人有勤奮的，也有不勤奮的。大致說來，富裕意識是關鍵。而正確地設定目標，則提供了發財的路線圖。**

　　❀　我是富裕。我是豐盛。我是喜樂。　❀

　　人在達成目標以後常會犯一個錯，一個會將他們打回原形的錯。了解這個錯誤的最佳方式是舉例說明。假設有人設定了快快擁有百萬銀行存款的目標，現在戶頭裡有四千元。他們做了所有該做的事，訂立目標、觀想、篤定、行動，這些全部做到了。

　　他們高捧著一百萬的願景，也達成了目標。好，當戶頭裡出現一百萬的存款時，他們的喜悅不在話下，然後便犯了錯。他們開始關注銀行戶頭，試圖維持他們寶貝的舊目標，擔心金額會掉到目標以下等等。他們的目光沒有移向未達成的較高目標，著眼在已實現的過去目標。他們開始活在過去，試圖維持過去。接著他們開始戰戰兢兢，直到失去那一百萬。他們沒有持續當初實現目標的正確作法，又照以前的老樣子過日子。

永遠將目標訂得比現況高。不是說你從此都不能對你的成就感到滿意。這不表示你應該貪心。不是的，其實恰恰相反，這表示你應該享受每一天，不要擔憂。你不應該掛慮會失去你擁有的事物。你不應該為了保住你剛得到的一百萬發愁。你要做的是賺到那一百萬，樂在賺錢及擁有這筆錢。但實現一百萬的目標時，別把行為轉換為操心如何保住這筆錢。要設定較高的新目標，放眼新的目標，同時享受先前的成功，不為了守成而苦惱。無論如何，憂慮是傻事，會拖垮你的正是憂慮。

　　富裕意識和相關的全部活動是一種生活形態，不是偶爾為之的事。你的思想、存在、目標應該永遠放在打造下一個更輝煌版本的你，而不是舊版的你。

❀　我 是 富 裕 。 我 是 豐 盛 。 我 是 喜 樂 。❀

　　設定目標和願景要小心。心，又稱為潛意識，往往會先剔除願景或目標宣言的「否定用語」，只接收並內化剩下的部分。例如，如果你的其中一個目標是不再遲繳任何帳單，設定「我永遠不會再遲繳帳單」的目標宣言對你不利。其實，心只會接收「遲繳帳單」，因為這句話一說出口就引發恐懼。將宣言改成：「我的錢總是綽綽有餘，可以過我選擇的生活、過著快意人生跟從事投資。」

❀　我　是　富　裕　。　我　是　豐　盛　。　我　是　喜　樂　。　❀

不作計畫就是計畫失敗。作計畫、設定目標、觀想目標。精通這個技巧。

❀　我　是　富　裕　。　我　是　豐　盛　。　我　是　喜　樂　。　❀

目標永遠要超出你的舒適區。如果你達成所有的目標，又沒有創造新的較大目標，你便是停止成長。儘管你可能感覺很自在，但這可能很危險。你知道嗎？多數人是在退休幾個月內開始出現老年的相關症狀和疾病。他們透過退休向大腦和身體傳達訊號，示意生命現在要收尾、抵達終點了，社會不再需要他們的服務，因此有些功能現在可以關閉。退休不是問題；問題出在大家接受的訊號。同樣的，退休不成問題，但要留意你發出的訊號。除非那就是你要的，否則缺乏目標對健康很危險。目標不見得要涉及金錢和事業。與賺錢或事業沾不上邊但值得設定為目標的事情多到數不清，比方說運動、旅行、培養嗜好之類的個人目標，還有環保、慈善事業之類的國際目標。

❀　我　是　富　裕　。　我　是　豐　盛　。　我　是　喜　樂　。　❀

永遠不必知道目標要如何達成。你做到你該做的、放

手，目標便會達成。

❀ 我是富裕。我是豐盛。我是喜樂。❀

別活在偶然或棄權中。設計你的人生。要設計人生，就得透過目標、觀想、想像、計畫，這些全都要一致，而且天天做，要明確、精準、還要細膩。

❀ 我是富裕。我是豐盛。我是喜樂。❀

訂立目標並不夠。設定目標有必須遵循的作法，才能以最順應宇宙法則的方式正確設定目標。以下是設定目標的正確步驟：

一、列出從現在到未來三十年內你想擁有、想做、想成為的一切。寫下你想得到的每件事，包括所有大小事，比方說：想去的地方、想要的物品、住處、體驗、夥伴、想學會的技能、要做的事、要結識的人、計畫、慈善機構、健康、嗜好，統統寫！這不是你認為自己辦得到哪些事的清單。這份清單列舉的是不論你認為自己辦不辦得到，什麼樣的事物能夠給你最不可思議的人生？一個對你來說美妙到難以置信的人生。你的清單應該至少列出一百件事；

為三十年擬定一百個願望並不難。如果你希望變得非常富裕，列出大約五千件事，連跟你欲望相關的小細節都要列進去。

二、為你列出的每個目標，寫下你希望達成的原因。比如，如果你想要一棟大房子，寫下理由。也就是說，你要大房子做什麼？你要在裡面做什麼？加入情節。原因會使你的目標更有力量，讓目標容易想像、觀想、實現。原因賦予目標生命，使潛意識容易接受你的目標。

三、從雜誌、傳單、網路、照片集等剪下你目標中的物品，黏貼在你的記事簿裡。用紙張或電腦開始寫目標與願景日誌。在裡面放你想要的那些東西的照片，不管是汽車、股票、建築、船、土地、旅遊、服飾或任何東西。經常翻閱，建議最好一天兩次。觀想和想像愈逼真、細膩，目標實現得愈快、愈精準到位。擁有圖像在你的人生裡很重要。

四、每天都看看你的清單、看看你的照片。然後一天兩次，每次至少花二十分鐘想像、賦予想像生命力、觀想你所有目標的細節。非常推薦你常常靜坐，在你靜坐時也觀想你的目標。**靜坐時，你最貼近本源，那是在無限可能性與創造的場域裡植入觀想種子的最佳地點。**

五、然後，在此地、此刻做能帶你接近目標的事。總有

現在可以著手的事，不管這件事再微小，都會為你開啟下一步——在你採取第一步之前可能看不到的下一步。每個行動都是自我定義及創造的行動。行動要慎重、要覺知，讓每個行動都帶你走近你的目標，而不是漸行漸遠。要意志堅定地行動。

六、<u>做任何事時懷抱著感恩之心</u>。思考、言談、行動都要感恩。這份感恩來自於你知道只要言行舉止都符合這些宇宙法則，保證你會成功。感恩就是在聲明你的篤定。這是力量。真心感恩，對於你的目標全部實現了而興奮，因為依據宇宙法則，目標保證會實現。這一類的感恩可發揮奇效。

七、<u>享受努力的果實</u>。目標在你的實相裡顯化之後，就愉快地體驗吧！目標絕對會實現，這是宇宙法則的保證。

❀　我是富裕。我是豐盛。我是喜樂。❀

目標和觀想記事簿一定要方便攜帶。撰寫只放在家裡的記事簿沒有意義。裡頭也應該記錄重要的想法，包括體驗和情況。記事應該多多益善，在每天終了或你最方便的任何時刻寫。記事簿對發掘並精準地創造自己極有幫助。別苦惱要用什麼架構寫你的記事，方便使用即可。

❀ 我 是 富 裕 。 我 是 豐 盛 。 我 是 喜 樂 。 ❀

在記事簿裡也要寫下你面臨的問題。痛苦就是思想出了岔錯，等你看到情境（conditions）那一章就會明白。寫下你的痛苦可幫助你清楚地評估它，發掘你的錯誤。

也寫下你的感受。這很重要，因為真實的感受是靈魂跟你之間的溝通，靈魂是你最接近本源的一部分。不要把感受、情緒、思緒混為一談；要小心分辨。

有了好點子和靈感就立刻記下來。在清醒的狀態接收靈感的最佳時機，大概是早上初醒的時候。與其立刻扛起責任、規劃你的一天，先窩在床上詢問並思考一些你想了解的重要想法，你會得到清晰的答案。醒來時，趁著尚未全醒之際放輕鬆，輕輕地詢問自己生命裡最重要的問題，要柔和，別把自己吵到全醒。答案會神奇地降臨，在這一天裡透過前所未有的方式出現。當你開始練習本書的內容，點子會開始從看似巧合的各種來源大量湧向你。

記事簿要擺在身旁。不要等晚一點再記錄，現在就寫，免得你淡忘或「丟掉」點子。也別忘了記錄夜裡的夢境，日後你遲早會發現夢境很有用處。夢境不只是在你睡眠時浮現的無用畫面。人以為自己在一天之中清醒的時間是他們的「生活」時間；他們將睡眠當成「休息」時間。他們以為自己的決定和有用的行動都在清醒時完成。其實，神奇的是你，你的本我、靈魂、靈，隨你高興用哪個稱呼，永不入眠。你的

靈或靈魂或任何你喜歡用的稱呼方式，永不沉睡。它只改變意識的狀態、意識的維度。

你是多維的。清醒是一種狀態或維度；睡眠跟夢境是另一種。還有很多種其他維度。這些都算數，都會影響你在清醒狀態的生活。反之亦然。即使你不信，記住所有的思緒都算數；夢境是思緒，因此算數，當然會影響你生活裡的事件。或可說，你從來不會真的睡著。**你是有身體的靈魂，不是有靈魂的身體。你對這一點的覺知和覺醒的程度愈高，你擁有的萬有（All）愈多。**

❀ 　我 是 富 裕 。 我 是 豐 盛 。 我 是 喜 樂 。 ❀

可用下列作法讓你的記事簿更容易查閱：

▷用記事簿的不同部分記錄不同類型的資料。
▷在記事簿最後面製作索引。
▷用不同顏色的筆標記。
▷在想標記的頁面貼標籤。

或自創你喜歡的作法，只要容易查閱內容就行了。

❀ 　我 是 富 裕 。 我 是 豐 盛 。 我 是 喜 樂 。 ❀

每個月最好回顧、重讀你的記事簿至少一次，多看幾遍更好。一年一次，重溫全部的記事。重讀的時候，你會突然以全新的角度看待自己的人生。你看到自己有一些你從沒想過自己會獲得的成功；你看到應該改變之處；你看到要修正的錯誤。撰寫記事就是為了回顧。這是促進你認識自己、目光清明、加速成長的大好機會。

🍀　我是富裕。我是豐盛。我是喜樂。🍀

　　在記事簿作記錄時，寫下確切的日期、時間、地點。這有助於追蹤模式、趨勢、比率。

🍀　我是富裕。我是豐盛。我是喜樂。🍀

　　你每天在記事簿記下愈多事件和體驗，收穫就愈豐碩。

🍀　我是富裕。我是豐盛。我是喜樂。🍀

　　養成隨身攜帶記事簿的習慣。

🍀　我是富裕。我是豐盛。我是喜樂。🍀

　　在寫下跟提到你的目標時，使用現在式：「我是……」。

❁　我 是 富 裕 。 我 是 豐 盛 。 我 是 喜 樂 。❁

「我是……」「我是……」不論你接下來要在生活裡創造
什麼，設法以「我是」的宣言來表達。比如，如果你希望減重，
不要想或說「我會減掉十公斤」或「我要減掉十公斤」。要說、
想、寫「我現在是○○公斤」。財富也一樣。在科學上及靈性
上，宇宙裡唯一存在的時間是現在。因此要用「我是」。

❁　我 是 富 裕 。 我 是 豐 盛 。 我 是 喜 樂 。❁

別擔心目標怎麼實現。天地間有各種強大的力量在運
作，具有無限的智慧和協調性。事物、人、書籍、地點、電
視節目、電影等等會開始出現，協助你達成目標。也就是說，
「巧合」會發生。只要堅信不移，觀想你的目標。

❁　我 是 富 裕 。 我 是 豐 盛 。 我 是 喜 樂 。❁

阻絕所有否定你目標的思緒。

❁　我 是 富 裕 。 我 是 豐 盛 。 我 是 喜 樂 。❁

竅門在於細節與一致性。比如，假設你的一個目標是擁
有一個新的家，寫下所有細節。寫下這棟房子的地點、有幾

個房間、建地的面積、房子的尺寸、屋內的陳設等等。然後按照這些細節觀想。不要變卦，這非常重要。要明白宇宙會將你全部的思緒積極地顯化為實體。你的每個思緒都會以某種方式，在某處轉換成某種程度的實體形態。如果你變卦，就是在扯自己後腿。只管堅定想法直到目標完全實現就好。

❀　我 是 富 裕 。 我 是 豐 盛 。 我 是 喜 樂 。 ❀

目標的實現日期最好設定在永恆的當下這一刻。即使你設定一個你希望從今天算起的十年之內實現的目標，在宣告目標及想到目標時都要用現在式。武斷地訂立一個未來的日期會引發匱乏和等候的狀態。匱乏會阻撓目標實現。武斷的目標日期也會干擾你通常不會知情的宇宙自然運作速度。當你說「我會在明年年底成為千萬富翁」，你怎麼知道自己不能在下個月的月底如願？總之，宇宙唯一真實的時間和地點就是此刻、此地。

❀　我 是 富 裕 。 我 是 豐 盛 。 我 是 喜 樂 。 ❀

要精確，精確地定義你的目標和願景。

❀　我 是 富 裕 。 我 是 豐 盛 。 我 是 喜 樂 。 ❀

如果你沒有瞄準的目標，保證你不會得到任何明確的結果。有才華、聰明、勤奮而沒有明確的目標，最後常會受到挫敗。

❀ 我 是 富 裕 。 我 是 豐 盛 。 我 是 喜 樂 。 ❀

思緒需要時間來顯化為物質實相。多數人只想未來幾個月的事。今天，他們或許會想：「我得趕快買房子。」然後為此覺得壓力沉重，吃力地想達成目標。這是隨便、短程的作法。試試長程的作法吧，想想提前三十年設定目標的力量。列出你接下來三十年想要的所有事物，天天觀想，便能早早啟動各種動力、思想及宇宙的力量。即使你現在不想買房子，只要你知道有朝一日你會買或可能會想買房子，現在就開始觀想。思緒需要「時間」顯化為物質實相，因此愈早開始愈好。然後生命會開始自動運作。你開始在沒有壓力、時間不緊迫的時候實現目標，事情會水到渠成。訂立三十年份的目標時要記住，儘管你認為自己在二十五年後會需要某件事物，你應該以現在式訂立這個目標，想的時候也用現在式，現在。「我是……」，不是「我將會……」。宇宙會為你安排恰當的時機。

❀ 我 是 富 裕 。 我 是 豐 盛 。 我 是 喜 樂 。 ❀

如果你想確保自己能抵達目的地，一定要知道你想去哪裡。否則，你就到不了那裡。要有目標、計畫、畫面、願景。用記事簿記錄、追蹤和改良目標。沒有目標、計畫、畫面和願景，你的成就會很有限，至少，你的成就會低於自己的實力。

❀ 我 是 富 裕 。 我 是 豐 盛 。 我 是 喜 樂 。 ❀

目標應該有幾個？目標永遠不嫌多。最富裕的人有幾百個，有的人有幾千個。有的人目標多到要兩、三百年才顯化得完。你應該以最少設定五千個目標為準。要了解原因，你必須明白目標的本質。

▷目標是心智的畫面，宇宙運用心智的畫面進行創造。因此目標愈多，宇宙能夠運用的素材就愈多，對本源來說，沒有什麼事是不可能或困難的。

▷目標有在最出人意料的時間、以最令人驚奇的順序「就這麼成真了」的傾向。你的目標愈多，生命體驗愈豐富。

▷當你達成一個目標，這個目標的力量就消失了。你不再有動力，宇宙就沒有任何可以運作的素材。因此，目標愈多愈好。

有一個目標的人，成就不如有一百個目標的人。有一百個目標的人，成就不如有一千個目標的人。目標愈少，成就愈低。訂立愈多目標，你得到的愈多。

　　但哪來五千個目標？簡單。想一想你每一項欲望的細節和相關的每一件事。每一條都列出來，連小事也不放過，例如：「花園裡要種百合」、「為奶奶裝潢房子」、「住麗池飯店」、「捐款給野生動物保護基金會」、「買一輛賓士敞篷車、一輛吉普車、一架噴射飛機、一艘船」、「在我家客廳安裝一個海水水族箱」、「送父親一組高爾夫球桿」、「買書給孤兒」、「去中國長城旅遊」、「認識這些人」、「跟這些類型的人約會」、「跟這些團體並肩工作」、「買這種鞋子」、「穿這個設計師的服飾」、「擁有這家店的這一款椅子」、「穿這些滑雪靴」、「到這些國家的這些地方遊覽」等等。在這個星球上，你想做、想成為、想看的事物絕不會耗竭！

　　你覺知到愈多這些願望，就會愈常在生活裡遇到實現你願望的「巧合」。生命展現奇蹟，而你滿腔熱情和興奮以待。記住，富裕是展現於外的豐盛。再說一遍，富裕是展現於外的豐盛，轉換為物質形象、顯化。宇宙裡只有豐盛，豐盛是你的真實本質，也是生命的本質。想到富裕時，不要只想到金錢和生意。想想每件事物，想想每一件你希望在人生裡擁有、做到、成為、看到的事物，跟眾生的生活，所有的生命。

　　最偉大的洞見就是：你只是一個觀察者。生命獨力滋養生命。總之，所有的一切都存在，你唯一要做的事就是觀察並

體驗。試著了解這一點。你是一個有身體的觀察者，你的身體讓你可以體驗你觀察到的事物。你選擇要觀察並體驗的事物，會決定你觀察並體驗到哪些事物。一切都為你準備妥當，自動出現。因此要選擇許多事物，你就會見識到許多事物。

你應該了解另一件關於目標和思緒的事：你的目標源自於你跟其餘的人，反之亦然。也就是說，當你想要一艘船，便會啟發一個適合造船的人進入造船業。也會引發所有必要的事件，讓中間人都扮演適當的角色，好讓你得到那艘船。皆大歡喜。你認為是什麼促成你手上這本為你寫的書出現？說穿了就是你之前希望能夠富裕、其他數十億想要致富的人，以及我想要散布財富並致富的欲望所帶來的效果。是因為你想要一件事物被創造。沒有你的欲望，沒有半件事物會被創造，你欲求的所有事物都會被創造。若說你寫了這本書，其實也是正確說法。

生命滋養生命；你是一個有身體的觀察者，你的身體讓你可以體驗你觀察到的事物。就是這麼回事。你觀察你選擇要觀察的事物。你體驗你選擇要體驗的事物，體驗方式也是你選擇的。你的目標愈多，生命愈能透過你來謀求眾人的福祉。生命的終極目標是展現自己，毫不費力地遵循你的意圖和信念，分毫不差。一旦認清這一點，你便會不帶一絲懷疑地知道，你希望自己擁有的那些事物想要來到你身邊的願望，比你想得到它們的心更強烈。生命只想要展現自己。因此，現在別害羞；要懷抱很多、很多目標！

❀ 我 是 富 裕 。 我 是 豐 盛 。 我 是 喜 樂 。 ❀

別犯下只用金錢訂立目標的錯。富裕是展現在外的豐盛。豐盛就是每件事物都很充足。金錢只是富裕的一個小層面。**許多人在追求富裕時「失敗」是因為他們只用金錢規劃目標。**他們會說「賺到買得起那輛車的錢」、「賺一千萬元買房子」之類的話。這樣的目標嚴重錯誤。**另一個錯是設定巨額的財務目標，其他目標卻很少。**有的人會訂立「賺十億元」之類的目標，但沒有什麼其他目標。為什麼這兩種都不對？要清楚明白這一點：生命是展現在外的心智畫面。就這麼簡單。生命也很精準。你自動得到的金額，會剛剛好夠你實現你心裡最明確也最篤定的畫面。或許你認為只能透過金錢得到你想要的某件事物，但生命知道還有很多其他的取得方式，用現金購買不是唯一的路。因此，如果你心裡的其他目標和畫面很少，如果你滿腦子想的幾乎都是錢，生命就沒什麼能夠發揮的「材料」。

要解釋這一點，我們可以打開一個人的心智來檢驗。現在想像有兩個虛構的人物，約翰和瑪麗，他們兩人都希望致富。瑪麗希望得到十億元，她滿腦子只有這件事。在檢驗時，她的其他心智畫面寥寥無幾。連跟她的公司或工作相關的畫面或目標也稀稀落落，諸如顧客人數、品質、產品等等。她生活其他層面的畫面和目標也少得可憐。瑪麗只有一個強烈的願望、欲望、目標，就是擁有十億。

好，約翰也希望致富，但他跟瑪麗不一樣，他在生活的各方面都培養許多興趣和欲望。檢驗時，他的心智裡有其他廣泛事物的鮮活畫面。這些畫面連小細節都很明確，諸如他想要擁有的服飾、要去旅遊的地點、辦公室的裝潢、他希望客戶能夠得到的對待方式、他想要送給親人及整個世界的禮物等等。現在的問題是，在其餘情況都相同下，你認為誰會變得比較富裕，而且發跡過程會輕鬆很多，看似充滿巧合又幸運？約翰，當然會比較富裕，也比較容易致富。

生命會確保你由衷相信且清晰篤定的心智畫面全部實現。想得到十億元並沒有問題，重點是你究竟如何觀想那十億！要知道，**沒有觀想生活形態是許多人財務目標「失敗」的原因**。你很難在心裡觀想並維持十億元的畫面。但要觀想擁有十億元的生活形態跟生意就易如反掌！

你的財務生活和目標不要跟其餘的生活切割，因為財務目標只是達成目的的手段，本身並不是目的。記住，金錢是價值的影子、交換的媒介。你的目標應該放在交換的價值上，而不是價值的影子——金錢。

❀ 我是富裕。我是豐盛。我是喜樂。❀

心智要處於本源、生命、神對你千依百順、絕不拒絕你的狀態。之後，唯一的問題是：你祈求些什麼？你相信自己祈求的事物嗎？別祈求一樣東西，而是發出擁有的意圖。因

為你連祈求都還沒提出，便已經給你了。不論你祈求什麼，不論你誠摯且篤定地意圖擁有什麼，那樣事物就會是你的。

❀　我　是　富　裕　。　我　是　豐　盛　。　我　是　喜　樂　。　❀

沒有願景，我們會滅亡。

——《聖經》箴言第二十九章第十八節——

❀　我　是　富　裕　。　我　是　豐　盛　。　我　是　喜　樂　。　❀

　　人無法富裕的一大原因是目標消失、畫面消退。有時，這會發生在生命出現新局面的時候，於是你忘了當初令你富裕起來的熱忱。這個新局面可能是小孩誕生、得到愛侶、獲得舒適的生活——尤其如果你出身貧寒後來才發達的話。這些都不是「壞」事，但不妨知道並記住：假如你發現自己「走下坡」，你可以重新檢視目標和心智畫面。這是釐清自己生命現況的強效起點，因為生命是展現在外的心智畫面。

❀　我　是　富　裕　。　我　是　豐　盛　。　我　是　喜　樂　。　❀

　　涉獵各種主題的大量雜誌。雜誌給你點子、畫面、目標、

欲望等等許多東西。你心裡的畫面愈多，生活愈多采多姿。

❀ 我 是 富 裕 。 我 是 豐 盛 。 我 是 喜 樂 。 ❀

　　在其餘情況不變之下，一個人或社會愈能正確地抱持正向且宏觀的目標，愈能富裕和快樂。

　　對於追求富裕的正確思考方式，介紹就到此結束。創造畫面、思緒、目標並專注在其上時，有一套必須遵循的原則。然後，這些東西便一定會被納入大局之中。實際上，思想在創造富裕的程序中是第二步，但常常是我們在創造富裕時最投入、最積極的一步。**但千萬、絕對不要忘記，思想只是創造富裕的第二步。永遠記住這一點，這很重要。**

　　那第一步是什麼？是存在狀態、是第一起因。存在狀態引發思緒。思緒從存在狀態浮現。沒有存在狀態，思緒不會存在。下一章我們繼續深入討論。

07

存在狀態——

第一起因——太初

我是富裕。我是豐盛。我是喜樂。

存在是一種狀態，就如同快樂是一種狀態。狀態不能言喻，不能做（do）出來。你只能是一個狀態。你不能刻意快樂；你只能是幸福或快樂的。創造的方式如下：存在狀態引發思緒，思緒引發言談，言談引發行動，行動則啟動接收的系統，讓你體驗到你透過存在狀態及思緒所創造的事物。存在狀態是第一起因。我們來一步步拆解。

存在狀態引發思緒。快樂時，你會有快樂的思緒。思緒從存在狀態冒出來。也就是說，思緒受到存在狀態的灌溉。其實，**沒有存在狀態，凡事都不會發生**。到了後續章節你就會知道，連情境也是存在狀態引發的，這跟多數人的想法恰恰相反。快樂的情境不會令你快樂。快樂引發快樂的情境。不快樂的情境只是向你展示你先前就有的不快樂狀態。等你讀完因果和情境限制的章節，你會清楚看到原因。

體驗龐大財富的第一步是處於富裕的狀態。富裕是內在狀態，與外在世界無關。內在的富裕狀態是你現在作的一個決定，就在此刻，你成為富裕狀態。你不需要任何外在的事物，就能作這個決定。一旦你決定要富裕，你便成為富裕。這難以言喻，因為你只能是一種狀態（狀態不是做出來的，也不是說出來的）。現在我們要試著談談關於存在狀態的事，讀完本章，你將會清楚知道存在狀態的運作方式，以及如何現在就富裕。

成為富裕，就在此刻，就在此地，就這樣。

成為富裕。別試圖致富。成為富裕。為了協助你明白

這一點，我以快樂為例來說明。別試圖追求快樂，要快樂起來。看出來了嗎？你要麼做讓你開心的事，要麼立刻決定開心起來。只要作出決定。你以前就有經驗了。每個人都說過：「你知道嗎？我不要為了這件事心煩。我要開心起來，停止擔心。」哪個方法簡單？是試圖做點什麼來追求某種狀態，還是當下進入那種狀態，由那種存在狀態容許你去做符合那種狀態的事？直接快樂起來，當然比試圖追求快樂簡單。富裕也一樣。**成為富裕，其餘的一切會自動跟上，只要你時時刻刻始終都維持在富裕狀態，只要單純處於富裕狀態即可。**

❀　我 是 富 裕 。 我 是 豐 盛 。 我 是 喜 樂 。 ❀

就像量子物理那一章，你會在全書反覆看到所有可能存在的事物，都存在於永恆的此時此地這一刻。連正在體驗富裕的富裕版的你也已經存在了。**如果你現在沒有體驗到富裕，你只是沒有意識到富裕或向富裕覺醒。當你選擇就在此刻、就在此地處於某個特定的存在狀態，你便啟動了最快速的創造力量。你的意識立刻移向另一個你（以本書來說，是富裕的你）。存在狀態是創造事物最快的方式，因為存在狀態可瞬間引發轉變。你的狀態變得有多不懷疑，物質的顯化都會隨即跟上。**同樣地，端視你的狀態變得有多不懷疑而定，你的實相會迅速轉變來反映你的狀態。現在你或許覺得不可能有這回事，但把宇宙的真正運作方式納入考量，一切就都

說得通了，尤其在閱讀量子物理和情境限制的章節後。

❀ 我 是 富 裕 。 我 是 豐 盛 。 我 是 喜 樂 。 ❀

最快速的創造方法，是在當下單純地成為你想要創造的事物。之後不要以思緒否定它。別想它，只要成為它。之後，你全部的思緒、言語、行動都應該符合你選擇成為的新狀態。如果你不富裕，而你希望富裕起來，只要在現在決定從這一刻開始富裕——就從現在起。別去想它；只要選擇成為它。之後，你的全部思緒、言談、行動都應該符合富裕版的你。在終極實相（Ultimate Reality）裡，這對你來說不是謊言。反正你實際上就是萬物，但你可能只體驗宇宙萬物的一小部分而已。當你選擇要成為其他事物，你就使自己的環境和情況出現變化，好讓你體驗你選擇的新狀態。

❀ 我 是 富 裕 。 我 是 豐 盛 。 我 是 喜 樂 。 ❀

記住，思緒來自存在狀態。存在狀態引發思緒。飢餓的狀態引發飢餓的思緒。

存在狀態是第一起因。存在狀態是自然存在的；思緒是作為。**存在狀態單純地存在。**

存在狀態不耗用時間，但思緒要花時間讓事物實現。因此通往富裕最快的路就是成為富裕，就在現在，就在這個瞬

間。將你的存在狀態改成富裕的狀態。作法是現在決定你是富裕的，並篤定地知道事實如此，不被你現實世界（反正這是幻相）裡的任何「反證」動搖。篤定、明晰、維持那個存在狀態。要知道自己是富裕的，在終極實相中，你的確非常富裕。你很快便會開始體驗到這份富裕，確實很快。沒多少人做得到這一點，因為他們懷疑這不是真的；但我們都有辦到的能力。只要了然於心並且篤定地宣告「我是……」就好。之後不要再多想。多想只會造成延宕和懷疑。記得上一次你在破產或悲傷的狀態時嗎？你沒有刻意去想那個狀態，質疑那是不是真的，懷疑你是不是真的破產或悲傷。你只是理所當然地認定自己處於那個狀態；你毫不懷疑地相信事實如此。你就是那個狀態，就這樣。你單純是那個狀態。現在，試著將富裕視為理所當然。成為富裕，相信它，令事實如此。不質疑。宇宙將會順從你。

❀　我 是 富 裕 。 我 是 豐 盛 。 我 是 喜 樂 。 ❀

創造的順序如下：

▷無形的整體意識場域（神、本源）將自己分割成無形的獨立單位（各種存有和萬物的個別靈或靈魂）。
▷這些單位出現個別的實質形體，比方說物體、人、我們看到的各種存有。

凡是你看得到實體的事物，都是一切萬有的本源、神以本身為素材，按照這個順序創造出來的。你是這個創造過程的共同創造者；你與本源按照這個順序並肩創造。

因此，關於富裕這回事，你現在就知道查看自己個體化的物質層面（你的銀行帳戶、你的物質財富、你的身體等等），放任你看見的情況影響你個體化的無形層面（你的心智、思緒、存在狀態），根本沒有用。而檢視結果、讓結果影響起因，一樣於事無補。這就像使系統短路，只會更加鞏固你目前的實質狀態。比方說，你從周遭環境看到自己破產，你讓周遭事物向你宣告你是「破產」的存有，你持續從「破產」的立場思考，你想著「破產」的思緒和無能的思緒，你會持續破產。

重點是絕不要盯著地上，絕不要看著物質世界，讓那決定你是誰。你不是你的情境；你不過是引發了情境。假如你破產，你該做的是只管選擇最宏大版本的你，你富裕的願景，維持那個存在狀態及對富裕的想法，堅定且活在當下。舉手投足要活像你是富裕的，別管你的物質世界看來是什麼景況，別管你的物質世界看來怎麼窮困。

這將使物質世界反過來匹配你的思緒和存在狀態。永遠記住，**物質會跟隨靈及精神狀態。宇宙的設計就是這樣。**

❀　我是富裕。我是豐盛。我是喜樂。❀

在這個世界創造事物的一個方法是透過思緒、言語、行動，但這是慢速的法子。

比較快的作法是改變個人狀態，即存在狀態。例如，當你說自己餓了，飢餓是一種狀態。你很自信，那是一種狀態。你只是持續一個存在狀態。不需要任何外界的東西，就能處於某個狀態。要取得富裕，一個效率高很多的方法是處於富裕的狀態，讓你的存在狀態符合富裕的狀態，要感受到富裕，一思一言一舉一動全是富裕。如果你覺得自己窮，然後在思緒、言談、行為裝出富裕的樣子，你很難富裕起來。你的狀態，**你對自己的感受、你的存在狀態、你的「我是」宣言，是取得富裕最快的捷徑。**改變你狀態的方法是決定改變狀態。簡單得很。你現在就能做。這就像你處於不快樂的狀態，然後單純決定你厭倦了不快樂。於是，你乾脆就決定要快樂。每個人都有這樣的經驗。現在把這套用到富裕上。

❀ 我是富裕。我是豐盛。我是喜樂。❀

期待自己體驗盛大的成功！**永遠知悉自己擁有豐盛、體驗豐盛的狀態。這樣的期待、這個層級的了然於心，可引發吸引力，排除阻力，這極度重要。**期待盛大的成功，要知道自己的力量很強大。

❀ 我是富裕。我是豐盛。我是喜樂。❀

你可以記住過去、展望未來，但你只能在此地、此刻做你自己。你存在的狀態只能存在於此地、此刻。存在、顯化，只在此地此刻發生。**數百萬人在清醒的時刻裡，心智陷落在白日夢、擔憂和其他與當下無關的思緒上。他們人是醒的，但對此地、此刻周遭的一切渾然不覺。醒醒吧，聞聞咖啡香！這樣單純的覺醒，能在你的生命帶來驚人的轉變。**試試看，致力於覺醒，一次一天。這個，再加上「我是」的現在式思緒及觀想，是加速實現欲望的妙方。

❀　我 是 富 裕 。 我 是 豐 盛 。 我 是 喜 樂 。 ❀

你是怎樣的人，你的世界便會是怎樣的樣貌。宇宙萬物都會納入你自己的內在體驗。你的外在有什麼並不重要，因為一切都反映你自己的意識狀態。你內在的樣貌倒是茲事體大，因為外在所有事物都是內在的反映，色調也跟內在相符。

——詹姆士・艾倫（James Allen）[1] ——

❀　我 是 富 裕 。 我 是 豐 盛 。 我 是 喜 樂 。 ❀

1.　1864-1912，英國哲學家，名作《我的人生思考》（*As a Man Thinketh*）曾啟發許多後世的心理勵志作家。

要在外界擁有富裕，就運用像本書這一類的書籍使你的內在富裕起來。想要十億身價，便將你的畫面和篤定度提升到符合十億身價的程度，行動要篤定，將你的目標融入行動裡。世界在你之內。除了你自己，沒有任何人事物能拖慢你的腳步或使你變快。視你體認這一點的程度而定，你將改變你的世界。取得財富可能比你相信的容易很多。這很簡單。取得財富最困難的部分是馴服你的心智，而心智完全由你自己控制。有人說，成功是你變了個人之後吸引來的。這個說法是對的。

　　❀　我 是 富 裕 。 我 是 豐 盛 。 我 是 喜 樂 。 ❀

　　什麼是存在狀態？存在狀態不是想出來、做出來或說出來的，只能體驗。存在狀態就是**如是；純然存在**。存在狀態是意識，存在狀態超脫心智。其實，有時心智可以摧毀你想要的狀態。存在狀態是你選擇要成為的那個狀態，就在現在。不是以後，是現在。你一開始想著存在狀態，存在狀態就毀了。一旦你是一個狀態，你就是那個狀態。之後的任何思緒都不應該是你到底符合那個狀態沒有；心思應該只放在履行那個存在狀態，好好去體驗，別終止它。超脫心智通常是個好主意。要靜定。

　　❀　我 是 富 裕 。 我 是 豐 盛 。 我 是 喜 樂 。 ❀

思考有其重要性。思考是一項工具，就如同你的手臂和雙腿。你不會時時刻刻使用雙腿，只在必要時使用雙腿。你的心智是強大的工具。心智使許多事物可以成真。

　　但心智實在很強大，以致常常會反過來宰制你。你的心智應該只在必要時使用。只有十％的時候有必要使用心智。研究顯示，我們約有九十％的思緒是重複的，多數思緒是在擔憂未來或回憶過去。這顯然是多餘的。唯一真實的時刻是現在。試圖逃離當下，在我們的世界造成了許多壓力、「失敗」和麻煩。你在一整天裡的正常狀態應該是超脫心智的。你應該觀照，不要想東想西。你應該觀照你的心智。就跟觀察外界事物一樣，也開始觀察你的思緒。如此，你便不再受心智的宰制。你停止認同心智，而認同你的本我，亦即那無所不知的狀態。你開始活在當下，不再重溫過往，或期待幻想中的未來。你的緊繃消除了，成功綻放。

　　但是，如果你察覺自己又被心智騎到頭上，別批判它或咒罵它。只要學會正確操作方法，心智是很巧妙的工具。你已經會運用心智了。**將心智只用在發出意圖、為恰當的畫面注入生命力，好把新的體驗帶進現在這一刻，以及處理當下這一刻在你生活裡的事物（不是五分鐘後，是當下這一刻）。**你會開始察覺在當下這一刻，根本沒有任何問題。你會碰到事件，而不是問題。問題存在於你的心智、你的思緒裡。至於事件，就是發生的事，而且一發生就變了。事實上，現在發生的許多事件以及事件持續存在，就是心智造成的。如果

你生活裡有問題，這些問題全是想像出來的，而且位於「未來」。既然你讀這本書的時候還活著，你就知道自己總是平安度過現在這一刻，從無例外。既然你在這裡讀這些內容，你就不曾在現在這一刻落敗；你始終都成功度過當下這一刻，不曾失敗。即使是許多人最恐懼的死亡，也不成問題。知道死亡的真相的人，也知道死亡不是問題；因此，他們不會畏懼死亡。在當下的任何事物都不是問題。

當下的任何事物都不是問題；你天生就能好好地活在當下。但一旦你開始擔憂未來，認同你的心智，而不是運用心智，問題就來了。記住，未來不存在。未來在你的心裡。即使你在思考未來，你也是在當下思考。當你真的抵達未來，你是在當下抵達的，不是在那時候。當你真的面對你的未來，那仍然會是在當下。

觀照你的想法。你不是你的心智。心智是強大而巧妙的工具，但絕對不要認同它。運用心智以正確的方法思考，不用的時候就關閉。真相是，多數時候不需要動用心智。想想看。你遇過全然出乎意料的生死交關嗎？當時發生什麼事？你的心智或許做了點什麼，但大致上是關閉的。你的本我、存在狀態接掌局面，以最高妙的方式處理情況。真的遇到危急關頭時，心智無暇思考，你通常就會臨在於當下，當你臨在當下，問題就不存在。事實上，你會變得極度冷靜。現在好消息來了。你不必遇到緊急事件，也能擷取那冷靜的超級智慧。你可以學會停留在那個狀態，隨時都臨在當下。那便

是真正的存在狀態。**存在狀態是超脫心智的。存在狀態就是如是、臨在、覺知、覺察、當下。**

❀ 我 是 富 裕 。 我 是 豐 盛 。 我 是 喜 樂 。 ❀

你的思緒、言語、行為反映你的覺知、你的意識、你的存在。改變存在狀態,你就改變你的世界。改變存在狀態有兩個方式。一是單純地選擇就在當下,成為你想要的狀態,並維持那個意圖。另一個方式是假裝自己已經是你選擇成為的狀態。行動時,假裝是在那個狀態。說話時,假裝是在那個狀態。思考時,假裝是在那個狀態。遲早,你的存在狀態會跟上。

❀ 我 是 富 裕 。 我 是 豐 盛 。 我 是 喜 樂 。 ❀

「我是」是效力強大的話。小心你在後面接著說了什麼。你宣稱自己是什麼事物,那項事物自有辦法找上你、成為你。

——季索曼(A. L. Kitselman)[2] ——

---

2. 1914-1980,美國數學家、科學家、心理學家,認知治療(cognitive therapy)領域的先驅人物。

在其餘情況不變之下，一個人或社會愈能正確地維持正向且宏大的存在狀態，愈能富裕和快樂。

想一想你剛看過和存在狀態相關內容。要消化的內容很多，但要做到很容易。只要你有心，像個孩子似地樂於學習世界上的新事物並且相信這些事物，你就會發現存在狀態很容易懂也很容易改變。你愈是願意像個孩子一樣，基於種種原因去簡化、去實際執行，就愈能明白並內化這一章。

剛看完的內容不太懂也別擔心。有些內容的意義、真正的意義，只有全書看完才會清楚。這些概念可以用其他概念解釋。關於情境限制、本我、一、因果、時間、量子物理的章節特別能加深你對存在狀態的認識，以及存在狀態的真正運作方式。不過，現在我們先進入創造的下一階段。

存在狀態是第一步、第一起因。之後是思緒，再來是言語和撰述（文字），再之後是行動。言談要符合你的思想。我們沒有另闢專章討論言語，因為話語只是表露於外的思緒。只要看看關於思緒的內容，套用到言談上即可。不要只因為我們沒有另闢專章討論言語，就以為言語不重要。言語很重要；言語是表達於外的思緒，對創造的影響力極大。

現在該來談談行動：接收富裕之禮的正確方式。

08

行動——
接收的管道

❀

我是富裕。我是豐盛。我是喜樂。

❀

我曾經夢見自己坐在一張大約十五公分高的小凳子上面，有個非常和藹、精神抖擻的老人坐在比較大的凳子上教導我。他說：「你不能靠行動操控這個世界。只能透過『道』（the Word）。」夢就結束了。我差不多兩年才徹底明白夢的意思。如今我對這個概念已經夠通透，足以實際應用了。經由經驗、試驗、大量閱讀，當中的道理終於一清二楚。

這個夢其實有兩個意義。以下是第一個。

行動是創造過程的最後一個組成部分。這有點像游泳競賽。如果你只懂得在水裡用力地灌灌游動，很勉強才能從游泳池的一端游到另一端，你贏不了奧運。你在行動，非常奮力地行動。沒人會挑剔你游得不賣力。你的努力程度可以拿滿分，絕對沒問題。**不過贏得金牌的人是在靈做好準備的人，他們的存在狀態已經準備好了。他們自信、積極、專注。他們的心智也作好準備。他們的技巧也作好了準備。他**們精力飽滿而警醒。諸如此類。泳池裡的行動是他們獲勝的全部因素裡最引人注目的一部分，卻是他們創造金牌衝刺的最後一部分。

雖然你未必知道，但在你的人生中，你最先是在本我、靈、存在狀態裡創造你的體驗，之後是透過心智，之後透過言語，最後才透過行動。創造的程序始於存在狀態，之後是思緒，之後是言談，之後是行動。事實上，**行動只是啟動接收的機制，讓你體驗你以存在狀態、思緒、言談創造的事物。**

多數人並不專注於灌溉、照料創造的前三步驟，亦即存

在狀態、思緒、言談；他們整天只發狂地工作，納悶他們為什麼沒「成功」。他們沒有運用「道」。「道」是宇宙法則，是宇宙運作的方式，各個層次一體適用，不只侷限在肉眼可見、有形的世界。

這些法則不是神下達的戒律，而只是規範宇宙、使宇宙得以運作的法則。這些法則不只是靈性法則，也是可以用量子物理學證明的科學事實。道，或說這些法則，無關乎特定宗教或人或哲理。宇宙法則隨時都一體適用在所有人事物之上，始終如一，從不出錯。這是指因果律那樣的法則，因果律在靈性教導中稱為業力或果報，或是科學上的能量守恆定律。

行動是道、是宇宙法則的一部分，但也只是一個小組件。務必要了解行動的作用，以及如何用行動創造富裕或任何事物。行動很重要，這毋庸置疑，但你務必明白行動是最後一步。**行動的作用是接收你已在其他三個層次創造的事物。你創造；然後接收你的創造；然後體驗。行動是為了接收和體驗。**你創造一門生意，是先在你的本我、你的存在狀態創造，之後在思緒和言語創造，然後你採取行動來啟動接收的機制，接收顯化了的實際生意，好讓你能體驗。明白了嗎？行動不會創造。行動只讓你接收並體驗。

事實上，即使是說到了體驗，你的行動不會創造體驗，心智才會。行動只是協助你的心智「做」這件事，然後你的心智決定：我的體驗會是正面的，還是負面的？欣喜的？恐

懼的？快抑或慢？

　　現在來看我夢境的第二個意思。這部分實際上甚至凌駕宇宙法則的創建。在這些法則甚至還不存在時，有個起源。在此我只簡扼介紹。在任何事物被創造出來之前，什麼都不存在，只有無限的虛無（《聖經》稱為黑暗），一個有無限潛力的場域，一個無物（No Thing）的場域。在無物之中，萬物不生，同時有個東西出現了。即使是空無，也需要一個容器、一個發源者，那個發源者就是無物，亦即無限的恆久虛無（Infinite Eternal Void）。在那片無限的虛無中，在那未受擾動的無限祥寧中，出現的第一樣事物是一個振動。一次振動。基於我們不知道的原因，那片虛無裡有個東西甦醒了，首先是一次小小的振動。然後又發生一次。再一次，規模遞增，激發下一次的振動，反覆出現。

　　太初有道，亦即振動，一個無限小的粒子。一份覺知、意識、創造。它愈漸增長，愈漸明亮、清晰，在虛無中透過意圖開始創造更多像它一樣的東西，擴展自己。

　　長長久久。儘管它們都是平等的，後來者永遠跟那原初（First One）一脈相承，並受到原初的滋養。原初永遠是普世之神（Universal God）。太初有道，亦即振動。道與神同在，道就是神。這便是創造的運作方式，沒有其他的創造方法。因此，也適用在你身上，因為你是起源的延展，你的本我、你的靈、你的靈魂是依據起源的形象和特質打造的。

　　那這一套究竟怎麼運作的？再重讀一遍吧。然後記住我

們學過的全部量子物理學內容。**創造任何事物的第一步是你的振動。記住所有的事物都會振動，我們便是透過振動來協調並吸引體驗到我們身邊。**意識或可說是一種振動。快樂的情境會出現是因為你很快樂，而不是反過來。富裕降臨在你身上是因為你的富裕意識。因此在你行動或做任何事之前，先問自己：「我發出怎樣的振動？」要怎麼判斷自己的振動？看自己的感覺就知道了。你的感覺披露了你的振動。因此，**你對金錢有什麼感覺？你的感覺決定了你會吸引到什麼事物。**你就像一台有頻率調整鈕的巨型收音機，只要將你的感受調整為相符的頻率，你就可以對準任何體驗。行動是必要的步驟，卻是最後一步。以行動來啟動創造的效果並不好，因為負責發起創造的是存在狀態，以及之後的思緒。明白這些道理以後，你就不會在泳池裡嘩啦啦地游動了。

永遠仔細做好每一件事。做事永遠要專注，做出優異的價值。不管看來再微小的行動，一律要做好。即使最小的行動也潛力無窮，說不定會是為你開啟下一個重大機會的起因。在這個宇宙裡，每件事絕對都是另一件事的起因，同時是別的事所引起的。即使是最不起眼的行動，都可能使先前隱而未現的大事發生，以滿足你的需求。

連一個微笑或優質的服務這樣的小行動，都可能是建立一段感情的起因，開啟你以前認定不可能的機會。

❀　我是富裕。我是豐盛。我是喜樂。　❀

不行動，點子就一文不值。

❀ 我 是 富 裕 。 我 是 豐 盛 。 我 是 喜 樂 。 ❀

行動讓你可以接收基於你的意圖而送來給你的事物。意圖啟動了創造富裕的過程；行動則讓你可以接收創造之物。要行動。

❀ 我 是 富 裕 。 我 是 豐 盛 。 我 是 喜 樂 。 ❀

即使是最微小的行動，都可能是讓你邁向龐大富裕的臨門一腳。每件事都會起作用；每個行動都具有影響力，每個行動都定義了你的下一個世界。宇宙是浩大的連鎖反應。

❀ 我 是 富 裕 。 我 是 豐 盛 。 我 是 喜 樂 。 ❀

凡事都不要只是試試看。要做就來真的，不然就不做，但絕不要只是試試看。要麼你著手去做一件事，要麼不做；但千萬不要動手試試看。如果你嘗試去做一件事，宇宙會試著給你一個結果。但如果你做事的時候決心貫徹始終（不是「不見得做得到」，而是「一定會做到」），宇宙會尊敬你的決心，並決心兌現你的目標。

❉ 我是富裕。我是豐盛。我是喜樂。❉

你知道怎麼做到你目前沒在做的事。如果你年收入十萬，你知道怎樣變成一百萬。只要你坐下來仔細思考，你會發現自己有一些計畫、一些線索，讓你可以實現百萬年薪的目標或最低限度，可以讓你走上收入水準比較高的路。也就是說，你絕對沒辦法摸著良心說：「我不知道應該從哪裡著手提高收入。」那不可能。最低限度，你會有關於第一步的線索，不管線索再細小，這樣就夠讓你從起點出發了。其餘的線索會在你前進時自動出現。但如果你不回應第一個線索、踏出第一步，絕對到不了下一步。現在就填補中間的缺口，去做你知道該做的第一步，現在就做，現在就開始，做就對了。下一步會在你踏出第一步之後變清楚，引領你前進。

❉ 我是富裕。我是豐盛。我是喜樂。❉

如果你的公司不完美，別等著它變完美。從你目前的公司開始著手，漸漸轉換為你希望擁有的公司。關於地點、知識等等各種事物都一樣。現在就開始；別等到狀況「一片大好」才行動。

❉ 我是富裕。我是豐盛。我是喜樂。❉

停止反應，開始創造。

❀ 我 是 富 裕 。 我 是 豐 盛 。 我 是 喜 樂 。 ❀

活像是那麼一回事。行動時，要活像你已經是自己想要
成為的那個人。行動時，活像你不可能達不到你期望的目標。

❀ 我 是 富 裕 。 我 是 豐 盛 。 我 是 喜 樂 。 ❀

把握機會，機會便會增多。

——孫子——

❀ 我 是 富 裕 。 我 是 豐 盛 。 我 是 喜 樂 。 ❀

善用現在最容易到手的機會，這將會揭開先前隱而未顯
的路徑，給你更多機會。

根據因果律，善用最近水樓台的機會，將會使之前你接
觸不到的許多機會向你敞開。

❀ 我 是 富 裕 。 我 是 豐 盛 。 我 是 喜 樂 。 ❀

在其餘情況不變之下，一個人或社會愈能正確地採取正向且宏大的行動，愈能富裕和快樂。

看得出來，行動不難。其實，行動是創造最容易的一部分。以前，行動一直受到過度重視，但現在你知道行動是一套極其龐大系統的最後一步。單單是這一點，即忽略行動之前的步驟，就很容易看出為什麼那麼多人的富裕和快樂程度低於他們的期望。現在你知道原因了。

但永遠記住，行動在創造的環節裡是很重要的一環，儘管不是在環節的起頭。現在可別因此忽視行動。前往富裕快樂的路是完美平衡的路。平衡你的身、心、靈。你分配給存在狀態、思緒、言談、行動的時間及比重都要平均，比方說，別整天忙著行動，忽略在有條理的思緒跟觀想下功夫。你也不應該把時間都用來溉灌靈，忽略行動跟其餘的事。那不只自私，也會使你無法完成創造的循環。

現在你的創造工具都齊備了，我們來討論讓這套工具能發揮作用的燃料。創造的工具就只是工具。工具需要最後一項要素才能運作，這項要素的威力驚人，其他力量都無法匹敵。

09

篤定——

最強大的力量及對治失敗的解藥

我是富裕。我是豐盛。我是喜樂。

篤定、信心、信念，是創造富裕或任何事物的必要條件。有這種態度，宇宙才能執行你要它做的事。要知道，你不篤定就不能變成一個狀態，要變也變不了。你不確定自己是快樂的，你就不可能是快樂的。不篤定也不能創造目標，不只是精確度有待商榷，要顯化為實相也會成問題。不篤定的話，連言語和行動都沒有力量。

　　自古以來，許多宗教的師父都教導我們要有信心、要篤定。這不是新的概念。但現在你會懂他們為何總是這樣提點，明白怎樣創造並擴展你的信心，因為對許多人來說，到目前為止，信心始終是難以捉摸的東西。

　　往下看的時候要記住，信心很近似於狀態，或者說存在狀態。信心不是說說就有，也裝不來。你只能是充滿信心、是篤定的。要做到這一點，只要決定你要變得篤定，就這樣，別讓其他自相矛盾的想法冒出來。我們愈往下談，這一點會愈來愈容易、明晰。

　　得到信心的最後一步是了解宇宙的運作方式。在其他章節（量子物理、時間、因果律），你會看到宇宙如何運作，這會給你信心，因為你會確切地知道世事背後的成因。一旦你明白整套運作機制，你就會相信。

　　端視你篤定的程度而定，凡事都有可能。

　　視你有多少信心、思緒多清晰而定，事情或許有可能或許不可能成，但在實際上，沒有不可能的事。

※ 我 是 富 裕 。 我 是 豐 盛 。 我 是 喜 樂 。 ※

相信。其實，是要篤定。

※ 我 是 富 裕 。 我 是 豐 盛 。 我 是 喜 樂 。 ※

堅持生信心。你可以透過堅持不懈，提高信心。有了信心，就能堅持下去。當你堅持不懈，即使在看似應該放棄的時候，你也能提升對得到結果、實現目標的信心。

這是你有意識的決定，因為信心可以讓你堅持下去。這是緊密相依的迴圈。要是你堅持不懈，卻不斷告訴自己事情沒有轉機，你不會有多大成就。堅持不懈是踩在信心前方的一小步，因為你可以利用堅持來建立信心。但你堅持不懈所採取的每一步，都必須緊跟著以信心踏出的一步。堅持不懈值回票價，確實如此。沒有完全不可能的事。

※ 我 是 富 裕 。 我 是 豐 盛 。 我 是 喜 樂 。 ※

懷疑和恐懼的想法要全部捨棄。千萬不要懷有這些想法，連一時半刻都不要。要保持警覺、觀照、覺知到自己的思緒，只要決定你要這樣做就行了。一逮到自己在懷疑或恐懼，就當場阻斷這些想法；不放縱念頭持續發展。不要鼓吹這些念頭，但也不要抗拒。你要警醒地觀照這些想法，保持

超然，就像事不關己的旁觀者。認清這些思緒的本質、思緒的來源、為何出現這些思緒，以及思緒持續了多久。你這樣觀察思緒，就能潛進思緒的內幕，發掘思緒的起因及其黑暗的源頭。你會將光明帶進這些思緒，直到這些思緒消亡。

❀　我 是 富 裕 。 我 是 豐 盛 。 我 是 喜 樂 。❀

懷疑和恐懼是你的夢想與願景的唯一敵人。

❀　我 是 富 裕 。 我 是 豐 盛 。 我 是 喜 樂 。❀

篤定。即使面對反證，保持篤定，要相信，要有信心。

❀　我 是 富 裕 。 我 是 豐 盛 。 我 是 喜 樂 。❀

你若能信，在信的人，凡事都能。
——耶穌‧基督，馬可福音第九章第二十三節——

❀　我 是 富 裕 。 我 是 豐 盛 。 我 是 喜 樂 。❀

自信。篤定。自始至終都由衷相信，毫不質疑。在神的

世界裡，篤定是唯一得到認可的行事標準。這是造就奇蹟的素材。這股力量可以移山。

❀ 我 是 富 裕 。 我 是 豐 盛 。 我 是 喜 樂 。 ❀

懷疑、困惑、恐懼、憂慮的部分根源，是一個人不確切知道自己希望變成什麼樣子、擁有什麼。

❀ 我 是 富 裕 。 我 是 豐 盛 。 我 是 喜 樂 。 ❀

你在此刻、此地擁有的機會和能力，是龐大且不可計量的，也是取之不竭的。你唯一真正的限制是你的信念。

❀ 我 是 富 裕 。 我 是 豐 盛 。 我 是 喜 樂 。 ❀

你相信的事，便會得到成全。其實，不是神獎賞有信心的人。實際情況是宇宙會根據接收到的資訊和這份資訊的篤定程度，搬移自己的建材，也就是量子粒子。這符合科學和靈性的說法。

❀ 我 是 富 裕 。 我 是 豐 盛 。 我 是 喜 樂 。 ❀

恐懼是看似真實的虛假證據。實際上，根本沒有需要畏

懼的事物，因為你的本我擁有一切，而且無法摧毀。你的本我是設計成不虞匱乏的，一切本已俱足。本我也是不能摧毀的。然而本我是隨著許多幻相一起顯化在地球上，人生在世的目標之一就是克服這些幻相。其中一個幻相就是豐盛不存在。但我們從科學上（多虧了量子物理學）及靈性上（自古以來的宗師們一直這麼教導我們）知道，豐盛是唯一存在的事物。只要你察覺自己有所畏懼，就要知道那是幻相，要找出絆住你的幻相是什麼。實際上，根本沒有什麼好怕的。

❀　我 是 富 裕 。 我 是 豐 盛 。 我 是 喜 樂 。❀

破產是一時的。破產會帶來龐大的教誨和機會，引發正向的轉變。不要怕破產。

破產不是必要的，但如果你破產了，不要擔心。從中尋找教誨和機會。畏懼破產是惡疾。這種惡疾帶走了成長的機會，阻撓大家嘗試新事物，還讓人一直擔憂。恐懼也會將你畏懼的事物吸引過來，對貧窮的恐懼創造了貧窮。但除了恐懼本身，根本沒什麼好怕的。

❀　我 是 富 裕 。 我 是 豐 盛 。 我 是 喜 樂 。❀

你最不甘願放手的時候，通常就是放手的最佳時機。

❀ 我 是 富 裕 。 我 是 豐 盛 。 我 是 喜 樂 。 ❀

要有信心、信念。了然於心且萬分篤定。你舉起一杯水
來喝的時候，你毫不懷疑自己能夠拿起水來喝。你想都沒想
過自己未必能喝到這杯水。你篤定地拿水來喝。你對自己、
對宇宙法則、對本源永遠完美運作的能力，就應該要有這個
程度的信心、信念和篤定。對於早在你祈求之前，你便已收
到祈求之物的事實，對於你擁有一切的事實，這就是你應有
的篤定程度。如果你認為自己沒有某樣事物，就作決定吧，
現在就決定你擁有這件事物，你就會如願。別說：「但我就
是沒有啊。」不要否定。假以時日，這會成為你的第二天性。
在那之前，盡你所能不去想自己不能擁有。留意你的心智。
你可以透過練習得到信心。但直接決定自己已經擁有，會是
比較快捷的作法。怎麼做？決定就行了。

❀ 我 是 富 裕 。 我 是 豐 盛 。 我 是 喜 樂 。 ❀

信心、信念、篤定應該要有多少才夠？應該要到了然於
心的等級。你內心必須知道那是真的，一如你知道自己今天
有起床或你稍早喝過一杯水。在那個層級，你很清楚一件事
是真的、而且將會實現，即使看到現實世界出現反證，你的
內心依然篤定事實如此。

❀ 我 是 富 裕 。 我 是 豐 盛 。 我 是 喜 樂 。 ❀

了解怎樣讓凡事都稱心如意的鐵三角：

▷凡祈求的，就給你們；
▷尋找，就尋見；
▷叩門，就給你們開門。

　　但如果要讓這一套鐵三角能夠運作，就得有一項催化劑──信念，因為信念使凡事都成為可能。這些承諾不是空話。也不是好人專屬的回饋，而是整個宇宙從不失誤、毫無例外的運作方式。這套鐵三角及其催化劑也可以這樣寫：有欲望、有意圖，就一定能夠擁有。追求真相與知識，就一定會知道你想知道的事。你的成長並沒有真正的極限，因為你可以隨心所欲地體驗自己所做的選擇。但你一定要很確定這些說法是真的，因為如果你相信這些說法不是真的，或只有一部分是真的，或有時是真的，那你得到的結果便會是如此。

❀ 我 是 富 裕 。 我 是 豐 盛 。 我 是 喜 樂 。 ❀

　　懷疑的時候，透過行動建立信念。如果沒有自信，就裝出有自信的樣子，遲早會因此而建立自信。對你沒有信心的每件事物都如法炮製，你有自信的事物便會增加，遍及愈來

愈廣的生活層面。

❀　我 是 富 裕 。 我 是 豐 盛 。 我 是 喜 樂 。 ❀

堅持不懈值回票價，真的。堅持也能使你變得堅強，並強化你的信念。堅持，堅持。但在堅持之際，容許事情發生，容許生命轉圜。不要擔憂。保持超然。

❀　我 是 富 裕 。 我 是 豐 盛 。 我 是 喜 樂 。 ❀

不確切知道自己想要擁有什麼，是造成懷疑與不信的主因。

❀　我 是 富 裕 。 我 是 豐 盛 。 我 是 喜 樂 。 ❀

信心是為意念振動賦予
生命力、活力、行動力的永恆生命泉源！
信心是積聚一切富裕的起點！
信心是所有奇蹟、所有奧祕的基礎，
無法以科學的規則分析！
信心是對治失敗唯一已知的解藥！

——拿破崙‧希爾——

❀ 我 是 富 裕 。 我 是 豐 盛 。 我 是 喜 樂 。 ❀

你可以透過思想和言談給自己信心。就在現在，老是擔心個不停的人正以思想和言談讓自己充滿疑慮。要創造信心，就每天、一整天一而再、再而三地向自己重申正向的肯定句。你的潛意識遲早會買單的。

❀ 我 是 富 裕 。 我 是 豐 盛 。 我 是 喜 樂 。 ❀

恐懼是看似真實的虛假證據。向來如此。恐懼不是你的自然狀態。本源與你的本我的天生狀態是大無畏的，因為沒有任何事物可以威脅到本我，本我也不缺乏任何事物。只要你感到恐懼，便直視恐懼，找出虛假的證據，且絕對找得到的。

❀ 我 是 富 裕 。 我 是 豐 盛 。 我 是 喜 樂 。 ❀

絕不要擔憂。擔憂是恐懼，恐懼是看似真實的虛假證據，會將畫面放進你的心智裡。生命是展現在外的心智畫面。**擔憂和恐懼將負面的畫面放進你的心智裡，創造出你擔憂、恐懼的事物，也就是在你眼中變得真實的假象，若是假象持久不退，遲早會顯化為實相。**

❀　我 是 富 裕 。 我 是 豐 盛 。 我 是 喜 樂 。　❀

擔憂就是缺少在一個特定情況裡所需的全部事實。也是不篤定或一時之間不能篤定。那是用錯地方的、白白浪費掉的能量。

❀　我 是 富 裕 。 我 是 豐 盛 。 我 是 喜 樂 。　❀

平息恐懼和擔憂的最佳方式是好好面對，徹底分析；細細拆解，找出虛假的證據的所在位置。要有覺察力，不斷提升對微小細節的覺知。如此你可以發掘真相，真相可消弭恐懼，同時提高你的自信。

❀　我 是 富 裕 。 我 是 豐 盛 。 我 是 喜 樂 。　❀

確實地觀察什麼行得通、什麼行不通，觀察到行得通的事就予以實踐，活出真相。觀察真相；知道真相；思考真相；說出真相；活出真相。這促使結果早日出現，並杜絕恐懼。

❀　我 是 富 裕 。 我 是 豐 盛 。 我 是 喜 樂 。　❀

你現在知道宇宙法則從不犯錯，你會從後續章節學到更多宇宙的法則。你知道依據這些法則，當你提供了細膩、清

晰、始終如一的畫面和意圖，加上篤定和行動作為助力，就能保證你得到精確的結果。你知道這些法則是配合你無法預知的無限智慧運作的。你知道絕對不要只看現況，任憑現況左右你的思緒，因為是思緒創造你的現實世界。既然如此，你究竟為什麼要擔憂？重看這些話，慢慢看，一句句看。你會看到根本沒有擔心的理由。

▷ 早在問題根本沒發生之前，問題便已經解決了。

▷ 在你祈求之前，一切便給你了。

▷ 任何可能存在的事物都已經存在了，現在就存在，包括所有的潛在「問題」及其解決之道。你所做的只是作出選擇，將意識轉移到體驗的部分而已。

▷ 這時候，你只要從中學習，瞧瞧出錯的想法是什麼。**促使你自我進化的最大教誨和機會，來自你最痛苦的時候（因為痛苦就表示你有錯誤的想法）。**一旦修正了想法，你會大豐收。

你何必擔心呢？根本沒必要！宇宙從不犯錯。混亂只存在於我們的心智，那不是宇宙的特質。同樣地，既然宇宙有固定的運作法則，法則又從不出錯，那你學會了法則以後善加運用，還擔憂個什麼勁？畢竟，你可以依據你運用的法則預測結果。擔憂只會將你擔憂的事吸引過來。**擔憂是一種自我實現的預言。**

❀ 我 是 富 裕 。 我 是 豐 盛 。 我 是 喜 樂 。 ❀

我實在告訴你們，
無論任何人對這座山說：
「你挪開此地，投在海裡。」
他若心裡不疑惑，
只信他所說的必成，
就必給他成了。

——耶穌‧基督，馬可福音第十一章二十三節——

❀ 我 是 富 裕 。 我 是 豐 盛 。 我 是 喜 樂 。 ❀

凡是你相信的事物，你就做得到。只要你相信自己會得
到你想要的事物，你就會得到。也就是說，你總是會得到自
己由衷相信的事物。想想看吧。你總是會得到自己由衷相信
的事物，視你相信的程度而定。這條規則顛撲不破。

❀ 我 是 富 裕 。 我 是 豐 盛 。 我 是 喜 樂 。 ❀

在其餘情況不變之下，一個人或社會愈能正確地採取既
正向又非常篤定的態度，愈能富裕和快樂。

現在你知道創造的工具和賦予這些工具生命力的動能。永遠停駐在篤定的狀態，謝絕處於跟篤定不相符的狀態，不去想跟信念背道而馳的思緒。現在，該來討論宇宙較高層次的運作機制，即供你運用創造工具及篤定的「場域」（fields）和宇宙定律。首先是因果律。這是一個美麗的承諾，你做的每件事效果都是掛保證的，讓你可以釐清自己世界裡每件事的起因。你一向都想知道為什麼事情會發生，以及怎樣讓事情發生。想知道當中的道理，第一步是學習因果律，以便認識關於情境和限制的真相。我們先看你的周遭事物及你的體驗背後的道理。

10

因果律——宇宙最重要的法則

我是富裕。我是豐盛。我是喜樂。

因果律是宇宙最重要的法則，也是富裕意識的主要關鍵。如果你按照因果律去生活，不可能富裕不了。了解因果律，在生活裡予以遵循，保證可以引發你想要體驗的事件。你可以預測結果，並釐清造成你處境的成因。只要精通因果律，並閱讀情境和成功的章節，你就在富裕、快樂之路上往前邁進一大段了。**當你為創造的工具注入信心的能量，並正確地套用因果律，就會創造出富裕。**

因果律是主宰宇宙的主要法則，而且是天字第一號法則。每位靈性及科學的導師都設法教導因果律，只是他們的解釋方法不盡相同：種瓜得瓜種豆得豆，或付出什麼就會得到什麼，或一報還一報，或業力，或後果，或每個行動都會帶來一個相等且相對的反應，還有許多其他類似的說法。而現在，量子物理學教導我們在次原子層次上，這個道理的精確運作方式。

以下是我們現在發現的事：**因果律是加倍奉還的！**也就是說，你給予別人什麼經歷，有朝一日你也會親身體驗一樣或類似的情境，而且你得到的是原先給人的好幾倍！

假如你讓別人體驗到富裕和快樂，那便會返回你身上，給你相同的體驗。而且你可以分紅，你體驗到的會比你讓別人體驗到的多很多。生命關乎成長。任何想像得到的體驗都是如此。在複雜的時空連續統的某個點上，在人生某個時候，依據宇宙的律法，你讓別人體驗到的事物將以倍數返回給你體驗。凡事都逃不過因果律，即使以你當下受限的五體

感官看不出因果律在哪裡發生，要知道因果律正在運作，並利用它創造龐大的富裕。

現在，科學家同意任何事物一旦被人觀察，就會受到觀察者的影響。其實，科學家歸納出連實驗也必須採用雙盲形式，測試結果才會比較精準，因為他們自己的期待會影響實驗的結果。然而，即使是嚴苛的雙盲實驗也不會是完全獨立的實驗，因為被觀察的事物，是由觀察者創造及再創造的。**科學證實，尤其是量子物理學，顯示你在自己的世界裡看見的一切都是因你而起的。**

❋ 我 是 富 裕 。 我 是 豐 盛 。 我 是 喜 樂 。 ❋

使別人體驗大量富裕、大幅拓展他們的富裕意識，你也將大量體驗到富裕。看看今天的生活。任何使人提高生產力、促進連結的生意，總會成為自給自足的大生意。

這些生意或許不盡完美，卻會是大生意，而且可自給自足。軟體、網絡、運輸、電子及其他類似的產業都改善了人類的生產力和生活水準，產業也得到逐漸壯大的回饋。

但這還只是皮毛。當我們開始建立刻意付出而非收取的生意，也就是存心使人富裕的企業，更美妙的事物會降臨在我們身上。未來的產業將會致力於創造真正的成長，而不是會在別處造成嚴重副作用的成長。這些行業將會提升大眾的生活水準，也會提升他們的意識和安康。你愈讓別人擁有富

裕，你擁有的富裕也就會愈多，而且不費吹灰之力。

❀ 我 是 富 裕 。 我 是 豐 盛 。 我 是 喜 樂 。 ❀

不論你希望得到什麼，就先給人什麼。這是最快的捷徑。不論你希望擁有什麼，先使別人擁有這樣事物。

❀ 我 是 富 裕 。 我 是 豐 盛 。 我 是 喜 樂 。 ❀

種瓜得瓜，業力，因果律。這條法則從不疏漏，既然你遲早會採收你當初播下的種子，栽種優質的種子永遠對你最有利。除非你希望有朝一日受到不公義的對待，否則對人就不要違反公義。怨恨、嫉妒、貪婪、怒氣全都是引發負面情境和痛苦的負面思緒和行動，那種負面思想需要修正。永遠記住整個宇宙系統是一體的，是「一」，只是看似分離罷了。你會在閱讀本書的過程中，看出事實如此。你對別人做的事，終究會回到自己身上。

❀ 我 是 富 裕 。 我 是 豐 盛 。 我 是 喜 樂 。 ❀

了解思想的因果之力以後，你檢視一下自己現在的想法，你就能精確地預測未來。幸好，我們擁有改變思想、扭轉未來的力量。

　　因果，業力，種瓜得瓜。多年來，我們聽過各門各派這麼主張，而他們說的沒錯。這條法則運行不輟，我們許多的痛苦和貧窮，都是忽視這條法則造成的結果。這太簡單了。只要對自己所處的狀態、作為、思想、言語保持慎重、深思熟慮。知道每件事物都是有影響力的起因。然後問自己：「以我現在的狀態、思想、言談、作為，大概會帶來什麼影響？」這個問題的答案就是你日後要面對的後果。因此，如果你造成另一個人的痛苦，這會在你生命的某個點上回歸到你身上。由於忽視這條法則，人類吃了很多苦頭。遵循這條法則也招徠許多繁盛。沒有神祕的外來力量隨意害你承受莫名其妙的痛苦。沒有運氣差這回事。每件事的根源都在你的內在以及你的家庭、公司、社區、國家及世界的集體自我。**每一種存在狀態、思想、言語、行動都是由之前的某件事物引起的，並且繼而引發後續的事物。當你向這個事實覺醒，問自己：「是什麼引發我剛剛那個想法？」或「我現在這個想法，將會帶來什麼影響？」你可以微調你的本我，與宇宙校準。這就是體驗富裕與豐盛的門道。**

❀ 我 是 富 裕 。 我 是 豐 盛 。 我 是 喜 樂 。 ❀

　　當你內在狀況改善，你的處境會改善。你的處境惡化

時，是你內在的狀況惡化了。**世界完全在你之內。不論你有沒有意識到，你生命的每一件事都是自己引發的。**

❀ 我 是 富 裕 。 我 是 豐 盛 。 我 是 喜 樂 。 ❀

　　既然你是自己世界裡每一件事的起因，別人是他們世界裡每件事的起因，這表示有一群群的人集體造成了他們共同的世界。企業的成敗、社區事件、甚至戰爭和自然災難的發生，不是因為群體裡的區區一個人引起的，而是這些人集體引發他們全體都會受影響的事件。這就將我們的話題帶回你的事業上。如果跟你共事、跟你往來的人擁有富裕意識，你會最快得到成效。這表示你應該主動協助自己周遭的每個人提升富裕意識。也要記住，得到一件事物的強效方法就是讓別人得到那件事物。將這些概念整合來看，你就會明白如果你確保你的員工、事業伙伴、家人、甚至社區、國家、世界能夠接觸到教導他們建立富裕意識的學習資料，你將獲益匪淺。

❀ 我 是 富 裕 。 我 是 豐 盛 。 我 是 喜 樂 。 ❀

　　想像你在一座島嶼上，還有另一個人也在島上，你們一起工作一整年。想像你們兩人關係融洽，你們會交談、分享書籍及你親友寄來的食物。如果你甩了另一人一記耳光會怎

樣？那個人也會給你一記耳光，找別的方法傷害你，不再跟你共享書籍和食物，或只是對你不太友善，而沒有其他的報復行為。即使另一人不報復你，你們的關係會變得緊繃，縮減你們之間的自由和陪伴關係。這個簡單的實驗向你顯示了一旦你傷害了別人，你不可能不以某種形式受傷害。傷害了別人，你遲早會自食苦果。既然你可以觀察到事實如此，你又怎麼會想傷害別人呢？講得更貼切一點，既然傷人便是傷己，你怎麼會想傷害自己呢？

現在，如果你在自己公司賣力工作，你怎麼會想傷害公司裡的其他人、透過你的公司傷害別人，不論那是你的客戶、你的員工、你的供應商、社會、環境，以致破壞你的工作？根據我們很快就會談到的集體意識及其結果，你怎麼會冷眼旁觀別人傷害別人？你知道如果自己允許大型企業和政府以壓迫或有害的手段做生意，你早晚也會受到負面影響，你怎麼還會縱容他們，一邊坐在場外等著你那一份負面的反響降臨？

你愈是容許別人的選擇及意識凌駕你，你分攤到的後果也愈多。你愈決心讓每件事都由自己作主，你愈能享用自己引發的結果。這些都是富裕遵循的法則，其他事物也是。說「我不在乎」不能讓你免除因果律的規範。

問問經歷過二次世界大戰的人。要不是大家從一開始就說：「我不在乎，那不是我的問題。」希特勒絕不會鬧到天翻地覆，當時的人也不致於承受戰爭引起的災難和經濟衰退

之苦。世間要出一個希特勒，世界的集體意識必須先宣告：
「我不在乎，我跟他們是不相干的。」如果你真心想要富裕、
保持富裕，你最好開始關心世界，即使是只為你自己好。

❀　我是富裕。我是豐盛。我是喜樂。❀

　　不是建立在真正互惠條件上的商業活動會導致失衡、不
平和，終至引發戰爭。不論你是一個人、一家企業或一個國
家，如果你犧牲別人來賺取豐厚的利潤，自己終究會以某種
方式、在某個時間點蒙受傷害，一如你曾經傷害了別人。我
們從世事就能找到例證，並且可從因果律預測結果。

　　和平是促進繁榮最大的助力，為了你自己的繁榮，倡導
和平對你有利。一個辦法是做生意時講究公平，如果可以，
設法修正不公平的貿易慣例。你愈和平，也會愈發達。也就
是說，不論你今天的榮景怎麼興旺，如果你提高自己的和平
程度，你會旺上加旺。聽來或許荒謬，但這道理即使是做軍
火生意的人也一體適用。

　　比方說，全球軍工業是世界各國最大的國家預算項目。
每分每秒，世界各國用在軍事的開銷都有數百萬美元之譜。
但如果和平存在，這筆經費就是不必要的開支。軍事開銷不
像多數的其他開銷會在經濟體系中流通。這筆資金大致上是
呆帳。看看如今摧毀世界那許多昂貴的核武吧。每分鐘數百
萬美元的軍事開銷原本可投入其他活動，可以創造實際的生

產力或在經濟體系中流通。就算這筆錢是用來保障世界各國的窮人和弱勢族群的生存與公平機會，給他們創業的機會，不必整天忙著賺取微薄的收入餬口，整個世界都會因此更加繁榮，且是繁榮很多倍。想像數十億的貧民變成有生產力的公民、擁有購買力吧。你的事業不會從中受惠嗎？若是軍事開銷能轉為他用，這便有可能實現。而現在從軍火交易受益的人，將在一個比現在繁榮數十倍的世界裡，從不同的生意受惠。

和平是繁榮，戰爭不是。想看活生生的例子，就看看美國吧。連美國也曾經打過內戰，直到成為統一的國家，平息各州之間的爭端。現在美國的繁榮主要是因為境內的和平、合作、自由貿易，國境之內的所有人幾乎都受到法律的平等保障。歐盟也醒悟到同一件事，正在設法仿效。在亞洲、拉丁美洲、中東、非洲等世界各地，也在推動其他的方案做類似的事，但他們所及的程度與速度不一。因此你做生意的時候，即使有不公平的機會，你照樣要以公平交易來倡導和平。而在你們地方、國家、世界的事務上，看看自己能做什麼來推廣公平交易和和平。這是為了你自己的榮景著想。

❀　我是富裕。我是豐盛。我是喜樂。❀

你世界裡的事物都不是真的。你看見的事物都不是真的。這是為了你好而創造的幻相，好讓你可以親身體驗自己

的想法和存在狀態，去蕪存菁、好好改善（所以才會說，如果感到痛苦，就表示你的想法出了差錯）。**存在的狀態、思緒、言語、行動創造了你的世界。改變你的心智，你就改變你的世界。改變你的本我，你就改變你的世界。**

❀ 我 是 富 裕 。 我 是 豐 盛 。 我 是 喜 樂 。 ❀

以下是解決問題的捷徑，包括財務問題。每次你碰到困惑、混沌不明或問題百出的情況，就正視這個情況，並且說：「我就是這個樣子。」然後真心接受，因為那是你引起的，而分裂是一種假象。然後問自己：「為什麼我是這個樣子？」所有的困惑與恐懼會消失，解決方案會開始自動在你坦承「我就是這個樣子」的覺知下出現。其實，這一招適用於任何情況，不限於遇到問題時。

❀ 我 是 富 裕 。 我 是 豐 盛 。 我 是 喜 樂 。 ❀

你有沒有注意到生命就像一面複雜的大鏡子？你對別人做了什麼，便是對自己做了什麼。如果你想要快樂，就讓別人快樂。想要自由，就放別人自由。將這個原則套用到你的公司營運，你就能選擇你要得回什麼。

❀ 我 是 富 裕 。 我 是 豐 盛 。 我 是 喜 樂 。 ❀

眾生和因果系統的連結極其複雜、迅捷且有效，可讓人脫胎換骨。一個看似極微小的起因，在未來（或過去或當下）可能造成巨大的影響。物理學家有個簡明又漂亮的解釋。他們稱之為「蝴蝶效應」。詹姆斯‧葛雷易克（James Gleick）在《混沌：不測風雲的背後》（*Chaos*）一書說蝴蝶效應就是：「今天一隻蝴蝶在北京擾動的空氣，可改變下個月在紐約的風暴系統」這樣的概念。這只是一個簡單的例子。每件事都是一個帶有影響力的起因，而每件事都是一份帶有起因的影響力。這是不受時間、空間、形式侷限的龐大連鎖反應。對於富裕這回事，其影響不是招徠富裕，就是招徠貧窮。要知道自己有些什麼想法及其可能的影響。一個想法會帶你走向富裕還是貧窮？沒有不起作用的思想、言語、行動或存在狀態這回事。

❀　我是富裕。我是豐盛。我是喜樂。❀

　　不要有罪惡感。原諒自己過去的「失敗」，下次選擇正確的作為。謝絕罪惡感，因為罪惡感對專心致志與自信的殺傷力很強。不要耽溺在過去。也原諒別人。當你原諒他們，並不是幫他們忙；而是幫自己一個忙。不論你是否原諒他們，他們都必須為自己的所有行動揹負因果（業力）的債務。但是當你原諒他們，你就讓自己從負面的業力迴圈脫身，釋出你的能量，轉而運用在其他的正向事物上。

❀ 我 是 富 裕 。 我 是 豐 盛 。 我 是 喜 樂 。 ❀

　　結果已經蘊含在起因之中了。盡量透徹地了解這一點，然後謹慎地生活。

❀ 我 是 富 裕 。 我 是 豐 盛 。 我 是 喜 樂 。 ❀

　　關於富裕，以下是另一件關於因果的有趣事實。你覺得一個人哪來開創某種生意、事業、興趣、嗜好的靈感？對，這些是受到個人欲望所引發的靈感，但還有別的因素。這個星球及宇宙的集體意識也參與了引發這個靈感。要記住，生命總是會顯化心智的畫面，並實現每一個誠心且篤定的欲望，從無例外。而心智場域（mind field）是一體的（你的心智和所有人的心智共同組成一個統一的心智場域）。因此你冒出一個點子，部分是別人引發的。這便是供需在檯面下的運作實況。比方說，假如突然有一百萬人想要並相信自己可以擁有某一類型的時尚配件，就會有一個欲望跟信念強度都適合進入時尚產業的適當人選，他會得到啟發，創造出這種時尚配件販售給這些人。於是，所有的欲望和信念都得到滿足。你會冒出一個點子，有一部分是因為其他人的引發。當你觀想自己想要的事物，別人則觀想自己想要提供或販售相同的事物。

　　因此下次你有了一個靈感，要開心地知道有一小群或

一大群人正積極地向你祈求，等著你滿足他們的欲望。也就是說，在世界上某個地方，有人很熱切地祈求你發心去做這件事；你就是回應他們祈禱的人。他們也是回應你祈禱的人。每個人都是一個祈禱的答案，我們全都是彼此的禮物和奇蹟，只是我們未必能立刻看穿為何事實如此。除了擔憂本身，並沒有什麼好擔憂的。你成功了，你一向都只有成功。

要了解每個人都是一份禮物，身為統一的心智場域中的一分子，我們每個人都有責任。有個簡單的理解方式，就是再以希特勒來思考。希特勒怎麼會是送給我們的禮物？首先，要明白如果不是世界集體同意，他絕對不能掌握大權。世界創造了讓他崛起的必要情境。在他崛起時，世界說：「他不是我們的問題。只要我們日子過得好好的，我們就不在乎他在那邊對那些人做了什麼。」這種分裂的意識形態，加上我們集體的存在狀態，創造了希特勒得以崛起並壯大的沃土，於是造就了希特勒。他不能憑一己之力崛起，他在這個世界上只是一個渺小的人。他需要世界有意無意的合作。

你不能只怪希特勒加害這個世界，卻不責怪世界創造出受害的情境。希特勒讓我們可以體驗自己的負面特質。我們現在掀起世界大戰的可能性縮小很多。我們知道那不是個好主意。我們也比較不會忽視別人的苦難，抱持漠不關心的分離主義，袖手旁觀。希特勒讓我們可以或多或少修正分離的錯覺。**所有痛苦的起因都是相信了一個錯覺。真相可以讓你重拾自由。你周遭的每個人、他們做的每件事都是一份送你**

的禮物，讓你得以認識自己、重新定義自己。就是你，造就了你的世界。

　　一旦你了解希特勒這種「壞人」為什麼是一份禮物，以及他這樣的人實際上是由他周遭的世界所造就的，好讓世界可以體驗自己的心智和信念，你就明白了富裕的一大祕密。一旦你明白希特勒就像這個世界的一面鏡子，小小的漠不關心、每個人內心對優越及分離的小小信念都聚焦反映在他身上，你就會明白世界的富裕可以聚焦反映在你身上。也就是說，不要害怕懷抱遠大的夢想，夢想巨富，相信自己可以擁有龐大的財富。世界會使事情成真，實際上，你懷抱遠大夢想的意願有多大，世界就會給你多大的夢想。不論你選擇走哪條路，你都受到全力支持。

❀　我是富裕。我是豐盛。我是喜樂。❀

　　在其餘情況不變之下，一個人或社會愈能正確地理解因果律，並且妥善應用，愈能富裕和快樂。

　　現在你對宇宙的主要法則有了良好的基礎認識。在閱讀剩餘的章節時，你對因果律的理解將會更清晰，尤其是在看完情境、成功、量子物理的章節時。現在你知道了掌管宇宙運作的宇宙法則，讓我們來瞧瞧情境和成功的真實樣貌。你即將展開的旅程，將是你今生最美妙、寬容、鼓舞人心的旅程之一。

11

情境——
活靈活現的幻相

我是富裕。我是豐盛。我是喜樂。

我做過一個很複雜的夢，夢裡的語言呢，是象徵式的，或許最貼切的描述方式應該說是無語。那是在幾近清醒的時候作的夢，在半夢半醒之際。我很清楚發生了什麼事。一堵橘色的牆出現在我眼前，我開始注意這面牆。然後，牆壁上出現看起來像符號的字跡，夢中的我卻莫名其妙地能夠解讀，這些開始出現的「字」表達了**「情境限制並不存在，而是被創造出來的」**等等意思。這持續了一會兒。一個感覺很博學的聲音也跟著朗誦，那是一種類似振動的語言，我一邊看，一邊就懂了。訊息大約有五句話的篇幅，而且是非常完整、明智的知識。然而不出幾秒便結束，我連忙起床，拿出筆記本，想要寫下那聲音說出的確切句子。當我慌慌張張地找筆，就忘了確切的字句。總之，那些話的架構不是像本書裡這樣的線性句子。

　　話雖如此，儘管我忘記確切的用字，但我記住了意思。在這一章，你會看到那段訊息的精華。如果你先理解時間與量子物理的真正本質，會更容易明白。一旦你徹底了解時間，你也會了解時間是科學的幻相。愛因斯坦等傑出的科學家向我們證實時空連續統真正的運作方式。我們現在知道一切，過去、現在、未來，都存在於永恆的當下這一刻。但身為這一刻的小小參與者，我們在經過時空連續統的其他參與者時，會體驗到時間的感覺。

　　就像我們在量子物理學看到的，量子「湯」其實就是所有可能存在的一切事物跟一切選項都同時存在。也就是說，

一切你想像得到的事物都已經存在了，而且存在於現在這一刻。一切都是！

因此，富裕的你和不富裕的你同時存在，但你只體驗到其中一個，你意識到、覺察到、知曉的只有一個。

現在動腦筋的時候來了。

問：如果每件事物都同時存在，而且就在此刻，情境怎麼可能會是宇宙的真實特質？
答：確實不是。
問：如果所有可能的結果都存在，怎麼還會有對某種結果不利的情境存在，一切不是都已經存在了嗎？
答：確實不可能。

瞧，就在片刻之前，你看到前一句話。你已經看過了。你都已經看過那句話了，怎麼還會有你沒看過那句話的情境存在？那是不可能的。因為一切可能的事物、一切想得到的事物都已經存在，這些事物不存在的情境是不可能存在的。

富裕的你已經存在了，不論從科學上和靈性上來說都是如此。你只需要將你的覺知力、你的意識，移向你本我裡富裕的那一部分即可。毋需滿足什麼條件，這部分就已經存在，什麼都無法使那部分消失不存在，因為它已經在那裡了。但你可以創造其他看起來宛如情境的結果。例如，其餘已經存在但你未必體驗到的事物，是你並不富裕、你拖拖拉

拉或覺得時間不夠、你上賭場染上賭癮、你住在窮國而且沒有受教育等等。這些都是跟富裕生活形態相反的獨立生活形態，但只因為它們存在，不表示富裕的生活形態不存在，或必須仰賴其他的生活形態才能存在。

大家常犯的錯是宣稱：「嗯，要是我出生在富裕人家，或是一個好國家，有這種天賦或那種知識，要是我念過那所大學，遇過那種事……我就會是有錢人。」他們假定富裕是有條件的。但他們所謂的條件其實是另一種獨立的生活形態。也就是說，你未必要符合所謂的條件，也能得到富裕。你不需要滿足這些條件，就能變得富裕。

但如果你相信這些條件，條件就會存在。取得富裕有數不清的方法，條件只是其中一種；要不要經歷這些條件是你的選擇。時間看起來像一個條件，但就連時間也不是必要條件。大家認為要砸下很多時間跟一把年紀才能致富，所以他們就得這樣才能發跡，但實際上不見得非得如此。

任何想得到的事物都存在，只有了解時間、量子、靈的本質，你才能明白這一點。條件並不是劃分有或沒有的「如果怎樣，就會怎樣」的陳述句。這只是無限多的結果裡的另一種結果罷了。這些情境並不是作為條件存在的，而只是另一種可能的生活形態。你未必要經歷這些情境；但如果你相信這些情境，並且創造出來，那你當然會體驗到這些情境。

重要的是知道即使是在科學上，情境並不是以「如果怎樣，就會怎樣」的陳述式存在，這不是你必須承受的要求，

不是你從一出生就被困在裡面、不能脫身的困境，不是只有在你採取某些作為或得到外援之後才能擺脫的麻煩。情境限制並不存在，而是我們自己設計了限制。你所說的先決條件不是先決條件，那只是無限多種可能的生活形態裡的一種罷了，而且不會阻礙你擁有其他的生活形式。

繼續看下去，你會了解什麼是情境並予以克服。限制並不存在。

外在的情況只有在你自己願意的時候，才會影響到你。

❀ 我 是 富 裕 。 我 是 豐 盛 。 我 是 喜 樂 。 ❀

一個人遇到的外在環境和情境，總是跟這個人的內在狀態和想法密不可分。我們透過環境和情境來體驗並發掘自己的想法和狀態。我們可以這樣做，是因為宇宙依據我們的想法和存在狀態，分毫不差地打造出我們體驗到的環境和情境。**我們總是置身在完美的布景裡，可以看見自己、體驗自己，可以改變和成長。認清了這一點，我們就能利用這套完美的系統，引導自己在財富和其他領域中快速成長。**

❀ 我 是 富 裕 。 我 是 豐 盛 。 我 是 喜 樂 。 ❀

跳出框架思考，這框架是由你以前的教養、經驗、老師、新聞、環境等等創造的。框架不是真的，只存在於你的

內心跟你身邊那些人的心裡。框架就是靠這些東西存在的。它本身不是真的;它需要你和其餘每個人才能存活。

　　你可以突破框架,跳出框架思考。這句話你以前就聽過很多遍,但現在你終於可以隨時隨地做到。做法就是拆除心裡對事情應該怎麼做的所有思想架構。例如,有些不曾念過大學的人相信要先有大學文憑才能富裕。這是別人告訴他們的,他們覺得自己觀察到的情況似乎也是如此,於是認為那是真的。但這種畫地自限是可以解決的,只要拋棄這個思想架構,從所有思緒移除對它的信念就好。很多人就屏棄那種想法,而且非常成功。事實上,微軟的比爾‧蓋茲自願從大學輟學,一直沒有完成學業。世界各地有數不清的人沒有大學學歷,照樣出奇成功。倒不是說你不應該上大學。大學扮演很重要的角色。但如果你發現自己的「框架」是你沒有上大學而你也不能上大學,只要拋棄這個思想架構和對它的信念,你的框架就會消失。這就是跳出框架思考。

　　這可以套用在任何事情上,從產品開發,到財務管理,到新的生意點子,任何事都行。只要保持覺知、有做到的意圖、有意識地拋棄你的思想架構,就行了。

問:怎樣建造嶄新、前衛的住宅或車子?
答:全面捨棄別人告訴你房子或車子必須怎樣打造的陳舊思維。

全部屏棄吧，展開沒有「應該」跟「不應該」的新頁。然後把新頁的概念也丟掉！讓一切降臨在你身上。不受「應該」跟「不應該」限制的靈感是關鍵。這是很從容不迫卻不受束縛的作法，成效也很好。問愛因斯坦就知道了。

❀ 我 是 富 裕 。 我 是 豐 盛 。 我 是 喜 樂 。 ❀

讓所有的情境都為你服務，這是情境存在的目的。這些情境是一種體驗的場域，純粹是供你享受、自我發現和學習而存在的。因為這些是以你先前的想法、言語、行動、存在狀態所創造出來的。

❀ 我 是 富 裕 。 我 是 豐 盛 。 我 是 喜 樂 。 ❀

沉著面對所有的財務問題和其他困難，不要擔憂。這些狀況早在發生之前就解決了。你甚至還沒祈求，一切便都給你了。你只管接收就好。

❀ 我 是 富 裕 。 我 是 豐 盛 。 我 是 喜 樂 。 ❀

這個宇宙沒有巧合或意外，沒有僥倖或運氣。宇宙是依據完美的法則運作，連一個岔錯都不曾犯過。本源、神的運作的確是完美的。凡事都根據法則完美解決。只有不明白事

物背後真相的人，才會覺得事情看似巧合和意外。

❀　我 是 富 裕 。 我 是 豐 盛 。 我 是 喜 樂 。 ❀

大自然的運作輕鬆自如且精準無比，組織能力無限強大，辦法不計其數，暢行無阻。你不必了解要怎麼創造富裕。只要思想、言談、行事都符合願景，以願景為依歸，接著自然而然，一切都「巧合地」實現了。不論過程如何都不要排斥，因為那只是大自然以其不可預料的運作方式來實現你的願景。你只要做好分內事，也就是持續給願景崇高的地位，堅定不移，思想、言談、行動都以願景為依歸。

要超然。如此一來，自然的創意便能為你效勞。超然表示不干預任何此刻正在發生的事，但你可以自由選擇一個不同的未來。此刻發生的事是你過去的意圖、想法、言語、行動的完美顯化。若是寧願要一個不一樣的現在，這將導致你的目標延後實現。這樣的偏好是匱乏，而匱乏會使匱乏的狀態延續下去。

例如，如果你的欲望與意圖是成為富豪，你已經把思想、言語、行動都調整到符合你的願景，你必須承認自己不知道哪一條路，才是實現你目標的最佳路線。你不能確切地預測每天需要發生哪些事，才能讓你得到你要的結果。但本源不費吹灰之力就能辦到，你的內在自我也做得到。本源會以最理想的方式帶你達成目標，讓本源施展祂的神奇，不要

抗拒祂在當下這一刻帶給你的事物。你管好自己的分內事，祂也會做到祂該做的。這是最快、最有效、最愉快的方式。你可以隨時保持輕鬆愉快，因為你知道什麼遲早會實現。

❀ 我 是 富 裕 。 我 是 豐 盛 。 我 是 喜 樂 。 ❀

平靜是力量。平靜讓你與自己及自然和諧共處。平靜讓你能控制你的思想，讓你有正確的想法。平靜證實了你並不是你遇到的處境、你沒有比你的處境低一等。平靜是自信。平靜是你的真實天性、完美的平衡、完美的靜定、完美的和平。永遠告訴自己：「我是平靜的。」

❀ 我 是 富 裕 。 我 是 豐 盛 。 我 是 喜 樂 。 ❀

平靜不是壓抑。真正的平靜是清澈開放的，不為了假裝平靜，而在內心隱藏或壓抑任何事物。平靜是純粹自然的。平靜代表內化、實踐並活出宇宙的法則、生命的法則，比方說像本書介紹的法則。你可以透過了解這些法則培養平靜。

❀ 我 是 富 裕 。 我 是 豐 盛 。 我 是 喜 樂 。 ❀

痛苦就表示想法不對，是找出並修正那個錯誤的訊號。通常，**最深沉的痛苦，蘊含找到新真相的最大機會**。但痛苦

不是必要的。其實，最覺醒的人一向都可以全面消除痛苦。受苦只是你的本我跟你的個性及心智溝通的工具，反之亦然。本我只在沒有其他選項時，才會動用這個工具。你愈強烈抗拒本我給你的幽微暗示，你吃的苦頭就愈多。而覺察力最強、最能以活躍的直覺這類管道聽從本我訊息的人，可在生活中游刃有餘，不致於被生活耍得團團轉。

❀ 我是富裕。我是豐盛。我是喜樂。❀

情境不存在。受限的情境是幻相。情境被創造出來，是為了打造符合你想法的環境。也就是說，受限的情境是將你想法顯化為體驗而出現的幻相。情境將心智裡的想法從象徵轉換為實際的體驗。真相是宇宙包含所有可能存在的事物，全都存在於永恆的此時此地這一刻。但如果你自認很窮，相應的情境就會出現在你生活中，以實現你的信念和那些想法。話說回來，如果你相信並認為自己很富裕，相應的情境也會出現在你的生活中，以實現你的信念和那些想法。因此，「我沒錢，買不起那個」這句話是假的。實際上，真相是你相信匱乏，你周遭的世界便會花一段時間安排，向你呈現你「負擔不起」的「需求」。順帶一提，基於相同的原因，需求也是幻覺。你怎麼會需要已經擁有的事物？你擁有一切，因為一切都創造出來了。你連祈求都還沒提出，一切便給你了，這是耶穌跟許多靈性導師從以前就告訴我們的事，這也

是量子物理學現在告訴我們的事。

✤ 我是富裕。我是豐盛。我是喜樂。✤

情境不存在。限制是幻覺。你引發情境，只是情境看來像施加在你身上的外力。這是最解放人心的洞見之一。深入了解。落實在生活中，按照這套標準去做每一個決定，生活將成為魔法。試了你就知道。

✤ 我是富裕。我是豐盛。我是喜樂。✤

當你跟情況對抗，你是徒勞無功地抵制結果，強化並保護了起因。比方說，你的情況讓你把自己視為破產的人。如果你從「破產」的觀點來行動（撙節開支、刻薄小氣，活得苦澀、害怕、嫉妒），以免自己變得更窮，你實際上在做什麼？你看得出自己在延續並強化「破產」的情境嗎？你一心一意地相信自己破產、想著自己破產，於是你透過信念和想法的力量，創造出破產的情境。記住，宇宙給你的永遠都是你經常念茲在茲、熱切堅信的想法。宇宙供你差遣。修正破產狀態的辦法，是在內心呈現富裕的狀態，思想、言談、行為都從那個觀點發出。

✤ 我是富裕。我是豐盛。我是喜樂。✤

富裕必須先是一種存在狀態，然後才會體驗到。順序不可顛倒。富裕不是基於特定情境而創造出來的。特定情境是為了富裕才創造出來的。豐盛不是基於特定情境才創造出來的。特定情境是為了豐盛才創造出來的。限制並不存在。以下的說法是錯的：一個人會窮，是因為這個人遇到的某些情境造成的。以下的說法才正確：一個人會碰到貧窮的情境，是因為這個人的本我跟想法吻合貧窮意識。這種狀態、存在的狀態，創造了貧窮的情境。多數人以為實情恰恰相反。能夠看清真相的人會發現自己面對的情境神奇地自行轉化，帶來了「轉機」和「巧合」。

❀　我　是　富　裕　。　我　是　豐　盛　。　我　是　喜　樂　。❀

　　別再想著自己是你的情境。說：「我表面上沒有我想要的富裕，但那不是我。我不是我的工作。我不是我面臨的情境。」

❀　我　是　富　裕　。　我　是　豐　盛　。　我　是　喜　樂　。❀

　　舊事為什麼會重演？例如，有的人不管做哪一行都「失敗」。原因其實是：你一遍又一遍讓相同的事件和情況降臨在自己身上，直到你決定重新創造全新的自己，改變你的思

想模式，把自己改變成一個全新「改良版」的你。

❀ 我是富裕。我是豐盛。我是喜樂。 ❀

避免批判一件事的對錯。事情就是事情。事情的分類，只是看觀察者選擇將這些事情區分為好或壞、對或錯、有趣或無趣。你一批判事情，你就批判了自己。你也阻斷了一件事帶給你的**隱藏禮物**。

道家用一個農夫的故事把這個道理解釋得很透徹。一位農民的馬跑掉了，鄰居憐憫地對農夫說：「你遇到這麼倒楣的事，我真替你難過。」農夫回答：「不用替我難過，是好是壞還不知道呢。」隔天，跑掉的馬回到農民家裡，一併帶回一群跟牠交上朋友的野馬。鄰居對農夫說：「你運氣真好，恭喜！」農夫回答：「不用恭喜我，好壞還不知道呢。」隔天，農夫的兒子想騎其中一匹野馬，因此摔斷了腿。鄰居又對農夫說：「你遇到這麼倒楣的事，我真替你難過。」農夫回答：「不要替我難過，誰知道這是好還是壞呢。」第二天，軍隊來強徵百姓從軍，但農夫的兒子因為摔斷腿而免除兵役。

這只是一個簡單的故事，卻揭露了**本源會以最出人意料、看似不相干的方式製造奇蹟，好讓每件事都圓滿解決**。對於了解並遵行宇宙法則的人、使用因果律的人以及有特定目標、目的、願景的人，這種魔法是很奇妙的，會帶來同步發生的事件、「巧合」以及許多其他的曲曲折折，將你帶向

你想要的結果。

　　因此，避免批判事情和人，那只會拖慢你的進展、傷害你。你並不知道宇宙安排的一連串事件。再者，你會成為自己批判的事物，抨擊的事物會回來影響你。根據因果律，當你批判、抨擊，你便讓自己成為被批判、抨擊的對象。你該做的只有在與生活相關的每件事情上，抱持清晰的願景、保持篤定，亦即，你的願景與目標將是什麼樣子的內在工作。日常事件、「好」或「壞」都替你搞定了，只要你不干預過程就好。

❀　我是富裕。我是豐盛。我是喜樂。　❀

　　意圖的作用就像磁鐵，凡是將自己顯化到現實世界所需的素材，它統統都吸引過來。我們用下面的例子說明意圖的運作方法。你想到一個新點子；你有了新的欲望。

　　你萌生實現這個欲望的意圖。於是，實現你欲望所需的全部事物就會開始被吸引到你身邊。那是很神奇的過程，你有了某些夢想，你遇到某些人，你經歷某些情境，你取得某些技能，很多看似巧合的事件發生了。這個過程會持續進行，你欲望的某些部分持續顯化為實相，直到欲望完全顯化。信任這套系統，不要對抗經由你的意圖吸引來的事物，這些是你自己參與共同創造所吸引來的最適當的事物。

❃　我　是　富　裕　。　我　是　豐　盛　。　我　是　喜　樂　。　❃

對你的困境幽默以對；這是在外境維持超然的第一步。

❃　我　是　富　裕　。　我　是　豐　盛　。　我　是　喜　樂　。　❃

為什麼有時候人會跌落谷底？為什麼有時候人會慘兮兮，不管是在財務上、情緒上或其他方面淒慘無比？

答案在於我們運用痛苦的方式。我們不是生來就要受苦的。如果我們願意多多聽從靈的聲音，如果我們願意重拾這種能力，多用直覺、聆聽那份直覺，我們吃的苦頭會少很多。但當我們拒絕聆聽靈魂的較高智慧，**我們會在現實世界裡吃苦，好讓我們修正錯誤的思想。**你是否曾納悶過為什麼那麼多超級富豪曾經是窮光蛋？也就是從赤貧變巨富的典型故事。記住，發財不見得要經歷這種過程。但假如這種事發生了，而遇上這種事的人承擔了自己的責任，從中學習，這個人就會變得非常富裕。在谷底，在最低點，一個人一無所有。使一個人拒絕接受最高真相的虛假心理防衛卸下了。**當一個人停止認同、放下那些虛假的想法，接受真相，這個人就富裕起來了。**

關於富裕的真相之一是我們的本質是豐盛的。關於富裕與快樂的真相很多，本書就介紹了不少。你未必要陷落谷

底、吃盡苦頭才能認同真相。只有在人拒絕聆聽更幽微的訊號時，痛苦才會降臨。這些訊號可能來自內心或其他來源，諸如書籍、其他人、電視、電影，本源的溝通方式是無限多的。差只差在我們自己沒有留意和傾聽。是我們選擇忽略自己覺得真實的事物。

吃苦的另一個原因是為了教導我們不吃苦的滋味，以及如何進入不吃苦的狀態。

例如，為了讓你認識紅色，你得知道什麼不是紅色。對此，你未必要有實際的親身體驗，但你絕對需要知道。想像一個沒有體驗過快樂或悲傷狀態的機器人。這機器人或許聰明絕頂，快樂和悲傷的知識都翔實地編寫到它的程式裡。程式可以盡量「解釋」快樂是什麼。但機器人只能從概念上知道快樂這回事。而那不是真正的知道；這種知識是空洞的。

只有親自體驗快樂，你才知道什麼是快樂。為了認識快樂，你必須體驗快樂的反面，亦即悲傷，即使只體驗一下子。有些事物必須親身體驗。也有些事物只需要知道概念。有時候，你需要親自認識的事物，包括你可能稱為「吃苦」的事物。但在本質上，這些事物是教導你享受相反事物的工具，亦即你正在追尋的那些事物。

❀ 我 是 富 裕 。 我 是 豐 盛 。 我 是 喜 樂 。 ❀

很多痛苦是自己選擇的。

這是你內在的醫師為了治療你生病的自我而開出的苦藥。

因此，信任這位醫師，平靜地喝下他的藥水：

他的手儘管沉重而嚴厲，

卻是由看不見的細柔的手所引導。

——紀伯倫 [1]

❀ 我是富裕。我是豐盛。我是喜樂。 ❀

心理學規則說沒有被意識到的內在狀況，

就會發生在外界，成為命運。也就是說，

一個人不曾分裂，沒有覺察到自己的內在衝突，

世界便一定要演出這個衝突，撕裂成相反的兩半。

——榮格 [2]

❀ 我是富裕。我是豐盛。我是喜樂。 ❀

　　在其餘情況不變之下，一個人或社會愈能正確地理解並運用限制的幻覺，愈能富裕和快樂。最教人振奮的是了解我們不是任由某些隨機的狀況和情境宰割，知道是我們自己創

造了那些事，而這些是促進我們成長的美麗禮物。真是一種
解脫！

　　現在我們要來看情境限制在社會上受到嚴重扭曲的一個
層面。他們說你不是成功就是失敗。以下是美麗的真相和祕
密：**你一向都是成功的。**

---

1. Kahlil Gibran，1883-1931，黎巴嫩詩人，代表作是《先知》。
2. Carl Jung，1875-1961，瑞士心理學家、精神科醫師。

12

成功——
因為你絕不會失敗

我是富裕。我是豐盛。我是喜樂。

說到富裕，成功和失敗是被扭曲得最厲害的情境。許多人認為，你要麼成功，要麼失敗。其實，失敗也是一個假象，一直以來都只有成功。這是很深奧的真相，你應該盡全力了解。

　　整場人生就是充滿成功的一連串時刻。

　　無畏無懼地將「失敗」當成學習的過程來利用，將可革除你的弱點，建立思想和人格的韌性。思想和人格的新韌性對你追求的未來成功，是必要的關鍵。**「失敗」實際上是承先啟後的片刻，其本身就是成功的一刻。**經由「失敗」，你學會如何成功以及最終的勝利會是什麼滋味，如果你不知道「失敗」的感受，你哪裡會懂得品味勝利的甜美？如果沒有專門設計來讓你成功的工具，你怎麼知道自己該如何取得你打算得到的成功？

　　🍀　我 是 富 裕 。 我 是 豐 盛 。 我 是 喜 樂 。🍀

　　「失敗」最常見的起因是缺乏清晰、專注的目標和觀想。宇宙、生命由於真的缺乏可供運作的素材，於是什麼都沒做。生命是展現在外的心智畫面。沒有畫面，就沒有東西可以展現了。

　　🍀　我 是 富 裕 。 我 是 豐 盛 。 我 是 喜 樂 。🍀

往往，能完全發揮自己本事的最大機會，是出現在你最黑暗的時刻。你最慘的時刻常是你最大的解放者、你最高階的教師。遇到這種時候，不要反抗，不要排斥。反而要正視這些情況，尋找裡面蘊含的教誨，亦即這些事所帶來的解脫。受苦永遠表示想法有錯誤。你不是天生就要受苦。你生來是要享受生命的。

❀　我　是　富　裕　。　我　是　豐　盛　。　我　是　喜　樂　。❀

　　得與失是一體兩面。經由損失，你得到新的事物。經由損失，你知道得到時的美好。沒有失，就沒有得。正是因為抗拒損失，只想得到而厭惡失去，才導致受苦、成長遲滯。而接受得與失都是禮物、都是你成長所需的燃料，會把你更快推向更高的高度。最後，你會看到損失並不是真的損失。當你體認到自己從損失得到的收穫，你就會明白損失其實是一種恩賜，損失並不存在。有失必有得，只要你接受現狀、檢視現狀，並且保持耐心。損失通常是錯誤的思想造成的結果，這正是你修正思想、取得豐碩收穫的機會；或者，這是高我為了帶你登上更高處而幫你選擇的新機會，一個發掘嶄新的較高真相的機會。

❀　我　是　富　裕　。　我　是　豐　盛　。　我　是　喜　樂　。❀

善用所有的情境自得其樂，奠定自己的根基，這是情境存在的目的。即使是「負面的」情境也派得上用場。比如，如果你遇到會欺壓別人的人，在這個情況下，首先一定要選擇處於自由、自愛、愛人的內在狀態（欺壓別人的反面）。思想、言談、行為都要發自自由、自愛、愛人的心。向欺壓你的人展露慈悲和寬容，不要一逮到機會就反過來欺壓他們。這是你脫離負面狀況的出路，懷抱信念，細膩地觀想你接下來要將自己的世界創造成什麼樣子。當你成為不欺壓別人的人，真的發自內心地愛人愛己，你就會發現自己脫離了被欺壓的情況。負面的情況在你的自願參與下，達成了「修正」你的任務。永遠記住，不論你有沒有意識到，你或多或少，都選擇了自己置身的情況。

❦　我是富裕。我是豐盛。我是喜樂。❦

　　當你檢視內心，尋找導致你受苦的錯誤思想時，眼光永遠保持謙遜，以免小我干預。誠心誠意地發掘真相。不自憐自艾或手下留情，要直言不諱。記住，這是你私下自己做的事；別人不會知道，不會嘲笑你，因此請你只管一針見血地剖析自己，對自己誠實。

❦　我是富裕。我是豐盛。我是喜樂。❦

多數人都養成了害怕失敗的習性。他們會為了避免失敗而放棄，有時甚至連試都不試，只求不要失敗。但失敗是假象。開始把失敗視為假象。失敗、受苦，是成功的必要成分。如果以學習的態度面對失敗，失敗可以讓你修正錯誤的思想。透過失敗，你學習怎樣成功。努力付出而受挫的經驗，讓你能夠修正你的思想，使思想更貼近成功。但這點成立的前提是你不放棄。

透過失敗，你得以認識成功，知道如何成功。如果你不知道不成功的感受，你要怎麼知道成功的滋味？如果你不知道成功之法，你要怎麼成功？想想看吧。失敗是成功必不可少的一部分。失敗不是成功的反面，不是跟成功不相干的獨立個體。**失敗其實是跟終極成功相連的連續時刻。**

失敗是成功。兩者是同一回事，只是位於成就的光譜上的兩端，就像冷與熱位於溫度計溫度範圍的兩端。失敗和成功兩者是同一件事的不同振動。

失敗本身並不失敗。只有當你認同失敗就是最終的結果時，才是真的失敗。但如果你把失敗視為成功歷程裡備受祝福的一部分，是協助你日後更成功、了解更成功是什麼滋味的一部分，那你絕不可能失敗，絕對不會。失敗是假象。停止畏懼失敗；要愛失敗，因為失敗會帶給你禮物。

❧ 我 是 富 裕 。 我 是 豐 盛 。 我 是 喜 樂 。 ☘

生命集結了各式各樣的體驗。挑戰是體驗的一部分。運用挑戰成為更好的人，享受跟隨每個挑戰而來的報酬及勝利的體驗。

❀ 我是富裕。我是豐盛。我是喜樂。❀

每次的努力嘗試都是一次成功，可帶你走向你想要的最後結果，那盛大的成功。請這樣看待事情。

❀ 我是富裕。我是豐盛。我是喜樂。❀

你的生存是受到保障的。不需要任何資格，就能享有尊嚴與生命。

❀ 我是富裕。我是豐盛。我是喜樂。❀

在其餘情況不變之下，一個人或社會愈能鼓舞並讚賞所有的時刻、事件、努力嘗試，將之視為一連串成功的片刻，愈能富裕和快樂。

現在我們定義了成功，披露了失敗的假象，現在該來討論追尋成功的目標，也就是大家追求的目標。接著是另一個祕密：你可以有欲望，但絕不要覺得自己缺了什麼。

13

不要感到欠缺──

懷抱欲望，但千萬別覺得自己少了什麼

我是富裕。我是豐盛。我是喜樂。

你已經看到了，我們有留意個人言語、思想、行動、狀態的好理由。每個狀態和想法都經由宇宙依循宇宙法則精確地回應。每個字詞都承載了數千年的意義，以及怎樣執行每個字詞的指令。比如，「跳」這個字眼會在每個人心裡引發特定的畫面，並伴隨怎樣執行這個字眼的適當指令。負責在你跳躍時協助你的宇宙也會採取對應的行動（物理法則、身心靈的協調等等）。甚至就在你閱讀本書時，這些字詞會在你的內在引發某些反應，有些你現在就能感覺到。

有的人這時已經很振奮地知道，本書的文字讓他們可以扭轉人生。而這份了然於心，已經啟動了看不見的改變。有的人在閱讀這段話的時候，已明白這一點。

關於富裕，最需要小心的重要字眼是「欠缺」和所有類似的用語。**覺得自己缺了什麼，是在向你及宇宙告知你沒有某件事物（第一個錯），以及你的狀態是你缺少這件事物但希望自己擁有它（第二個錯）。而欠缺是一種永久的狀態，又使問題更複雜。欠缺本身並沒有盡頭。想想看吧。**

你永遠得不到你覺得缺少的東西。絕對不會。若是有人得到了他們欠缺的事物，那只是表面上看似如此，但其實沒那回事。實際情況是這樣的，他們一點一滴地，從感覺欠缺的狀態轉移到其他狀態，然後他們便得到之前想要的事物。但只要他們處於感覺欠缺的狀態，就得不到自己想要的事物。一個人得到他欠缺的事物的假象是這樣形成的。記得上一次你想吃東西也如願的經驗（你吃了東西）。好，你想要

食物。這是欠缺的狀態。但注意隨後發生的事。你開始去找吃的。你實際上從欠缺的狀態轉換為取得的狀態，取得是有盡頭的狀態。這時你終於轉換為擁有的現式式，於是你看似得到了你原先欠缺的東西。瞧，你不曾在欠缺的狀態下得到你想要的事物。你得先轉換狀態。

這種無意間從欠缺的狀態轉換為其他狀態的情況，很稀鬆平常，然而這只限於小事。但萬一是非常重大的事物、是你不曾擁有的事物呢？如果你覺得自己欠缺那樣事物，你還能得到它嗎？這可不像食物，你很難在無意間轉換掉欠缺的狀態，因為你以前沒有類似的經驗。如果你發現自己需要二十元，你很容易就能在無意間從欠缺二十元的狀態轉換為取得錢的狀態，因為你以前就一遍又一遍地做過。但如果你要的是一千萬元，而你這輩子的錢從來不超過五十萬元呢？你還能在不經意間，從欠缺狀態轉換為取得一千萬元的狀態嗎？大概不太可能。解決之道如下：絕對不要覺得自己缺了什麼！

你永遠得不到自己感覺欠缺的事物。急切地想得到欠缺的事物更糟。在你的想法、言語、狀態、感受中將「欠缺」這個詞改成「欲望」或「希望」。欲望跟覺得有所欠缺不一樣，欲望未必表示你沒有某件事物。其間的差異很幽微，有些人可能會說兩者是同一回事，但實際上兩者天差地別。有些同義詞詞典甚至可能說「填補欠缺」可以跟「欲望」互換，但那只是語言學上的應用。

記住，宇宙會精確、完美地執行你的想法。宇宙就是設計成這樣的系統。欠缺的狀態會被精確地執行，感到欠缺代表恆久都處於沒有的狀態。欲望不是恆久處於沒有的狀態；事實上，欲望不見得代表你沒有你的欲求之物。想到數十億人因為這麼單純的細微差異而得不到想要的事物，就感到可悲又好笑。一切全關乎宇宙精準的執行力。

　　更精確地說，應該迴避的詞不光是「欠缺」，而是那種狀態。只迴避「欠缺」這個詞卻對處於覺得欠缺的狀態毫無幫助。語言是用來代表狀態等等事物的符號。「欠缺」這個詞是代表處於欠缺狀態的符號。因此，你應該要先避免的是那種狀態。符號、用字本身也要避免，以免引發那種狀態。你可以有欲求，但千萬不要覺得欠缺。

　　以下是字典對「欠缺」這個詞的定義：

　　沒有；無。窮困或艱難。性格的缺點；毛病。不在場；不夠或缺少；失敗；不足；太少或短少；缺乏。

　　這便是你覺得欠缺某件事物時向宇宙傳遞的訊息。宇宙便會精確地為你實現你的訊息：欠缺與不足。

　　但是，這些負面的定義半個都沒出現在「欲望」一詞的定義裡。以下是字典對「欲望」的定義：

　　表達願望；要求。受到樂趣或任何美好事物的激發，而

讓人想要採取行動或付出心力來延續或擁有那份樂趣或美好事物的自然盼望；一種想要取得或享受的殷切希望。

❀ 我 是 富 裕 。 我 是 豐 盛 。 我 是 喜 樂 。 ❀

　　不需要在當下這一刻得到特定的結果，讓你的潛意識完全卸下了為什麼你得不到某個結果的想法。而這，讓你走向你在顯意識上意圖得到的特定結果。這是同時保持意圖和超然的好處之一。**你意圖在未來得到結果。你很篤定，但是對當下正在發生的事保持超然。**比方說，假設你打算成為千萬富翁，但在當下，事件的發展方向顯示你沒有朝著目標前進。如果你在當下保持超然，你的進展將會最快，意思就是你接受現況，不抗拒現況，不因此感到挫敗、失去希望。但不管你超不超然，篤定地相信你要的結果（成為千萬富翁）將會實現。

　　學會讓意圖、篤定、超然同時出現在你的生活中，生活很快便會變得愉悅而富裕。抗拒和挫敗會慢慢消退，篤定和自信則會增長。你瞧，如果你的目標清晰又專注，你很篤定、有信心，你也相信自己不可能不得到富裕、不可能失敗。失敗就表示打破了顛撲不破的宇宙法則。因此，篤定讓你可以放輕鬆，知道無論當下的情況看來如何，富裕已經在路上了。不超然等於拒抗，你抗拒的事物會持續。

❀ 我是富裕。我是豐盛。我是喜樂。❀

消弭各種形式的欠缺。這包括為往事懊悔，希望現況或過去的情況不一樣，期待事物發生、希望、覺得欠缺、擔憂、將你的覺知與意識拋向未來或過去。也就是說，不要抱著過去的時刻不放；不要希望自己置身在即將來臨的下一刻。全然接受當下這一刻，接受當下這一刻帶給你的全部禮物。**創造美好未來最快的辦法是單純地設定意圖，放手，回去享受此時此地。想填補欠缺是在告訴宇宙創造讓你一直欠缺的情境，除非你脫離欠缺的狀態，進入別種狀態，否則不可能得到你想要的事物。**這是十分幽微卻很重要的看待人生的方式。

❀ 我是富裕。我是豐盛。我是喜樂。❀

絕不要覺得自己欠缺任何事物。那會使宇宙為你創造出讓你永久處於欠缺狀態的情境。你可以對事物有熱忱、有欲望、有意圖，但不要覺得缺了什麼。

❀ 我是富裕。我是豐盛。我是喜樂。❀

從你的用語排除「欠缺」這個詞，從你的想法和存在狀態，根除欠缺的狀態。改成「欲望」和「喜歡」。欠缺創造

恆久欠缺的情境。你永遠得不到覺得自己缺少的事物。

❀ 我 是 富 裕 。 我 是 豐 盛 。 我 是 喜 樂 。 ❀

　　如果你察覺自己想著你沒有某種事物，或想著自己不是某種事物，你就是在欠缺。欠缺是一種承認自己缺了什麼、匱乏的狀態，那不只是口語裡的一個字眼。

❀ 我 是 富 裕 。 我 是 豐 盛 。 我 是 喜 樂 。 ❀

　　在其餘情況不變之下，一個人或社會愈能從言語及存在狀態中消除覺得欠缺什麼的感覺，愈能富裕和快樂。

　　如果你發現自己在跟欠缺對抗，重讀量子物理、豐盛、一及本我的章節，並確切了解千古以來許多導師一再教導的「你擁有一切」是什麼意思：早在你祈求之前，一切便給你了。從邏輯上、科學上、靈性上來說，你絕對沒有欠缺的理由。當然，你有保持欲望的理由，但沒有欠缺的理由。欠缺是相信自己沒有。你已擁有一切，為什麼會想要相信自己沒有呢？

　　現在話都解釋清楚了，我們來討論一些有趣的大事。就從你的人生目的開始談，亦即你那誰都不能複製的、獨一無二的特質。

14

目的——

你為什麼在這裡？

❀

我是富裕。我是豐盛。我是喜樂。

❀

你的人生目的是什麼？人生目的跟目標是獨立的。你的人生目的是什麼？你為什麼在這裡？只有知道並聲明你的人生目的，以人生目的為每天的最高準則，你才能朝著對你來說正確的方向快速前進，並在過程裡得到無限樂趣。

正確的問題是：為什麼你選擇來到地球？

你的人生目的是從何而來？想想以下的說法。你有自由意志。自由意志從什麼時候開始有？有人認為從出生開始。他們相信自己不能選擇要不要出生，但一旦出生了，就有替自己的人生作選擇的自由意志。

也有的人相信自己的自由意志是永恆的，甚至在他們出生前就有了。這並不是太奇怪的想法。你的靈魂是永恆的。你的眼睛告訴你，生命始自出生，但有某個更深刻的聲音告訴你，出生或許不是真正的起點。人生目的或命運是你、你的本我或靈魂選擇到地球做的事，這是依據你靈魂的屬性和願望所作的選擇。你，出生的環境和地點，最適合你收集實踐天命的全套必要「工具」，但前提是你必須要帶著這樣的覺知走過人生路。也因為這樣，一旦你找到了獨一無二的人生目的，感覺才如此美妙。也因為這樣，實現人生目的才會給你如此豐沛的喜樂。因為你在很久以前就選擇了這個目的，那是你來到這裡要做的事。

可惜，很多人沒有實現人生目的，主要問題出在我們的社會和教育系統的架構。

但如果你有心，你可以輕鬆實現你的人生目的。**先找出**

你的人生目的，花點時間靜靜地思考什麼事能讓你愉快、讓你充滿熱情。別去想職務說明或事業。拋棄社會教你相信的許多標籤。那正是一般人找不到自己人生目的的頭號原因。只要問自己：「我做什麼會開心？」也許是花時間觀察蝴蝶，或是飛到世界各地做生意，或烹飪，或跟人談話，或任何事情。一旦你找到人生目的，觀想它，懷抱意圖，擬定讓你向人生目的前進的目標，直到你發現的人生目的成為你的工作，發展成你的事業。

比如，假設你的人生目的是研究蝴蝶，而你現在悶悶不樂地從事一份和蝴蝶無關的工作。不要絕望。一開始，先取得書籍，找到鑽研蝴蝶的人。盡力蒐集資料，開始擬定能帶領你最後從事蝴蝶相關工作的目標和選擇。別擔心金錢，忘掉你可能開始冒出來的小擔憂；只要你不擔心，這些事會自動解決的。一旦你實踐自己的天命或人生目的，一個在你投胎到地球前就自己選擇的天命，你將會非常快樂且成功。你的自我滿足感將會升高，你會對整個世界作出最佳貢獻。

❀ 我是富裕。我是豐盛。我是喜樂。 ❀

靜靜坐著，找出你為什麼來到這裡的原因。你有人生目的。你或許知道，或許還不知道。你可以發現自己的人生目的，你只要捫心自問，並且對自己真誠。**你的特殊才華通常就是你的人生目的。也可能是你一向覺得自己能做得很棒的**

事，尤其是你小時候。小孩通常知道自己的人生目的，但當他們漸漸長大，社會和教育體制便把他們弄糊塗了。**你的人生目的也可能是給你最大喜樂的事。**實際上，你的人生目的不可能是無法給你喜樂和滿足的事。當你找到了人生目的，據此活出你的人生，你的富裕之路將會輕鬆、愉快很多，而且你會熱愛你的工作。

❀ 我是富裕。我是豐盛。我是喜樂。❀

工作是看得見的愛。
如果你工作時沒有愛，只有不悅，
你最好離開工作，坐在廟堂的門口，
由樂於工作的人賑濟你吧。

——紀伯倫——

❀ 我是富裕。我是豐盛。我是喜樂。❀

明確地定義你的人生目的。隨時隨地都將人生目的，視為思想的最高原則。據此宣告你的目標。你的思想、言語、行動時時刻刻都以人生目的為依歸，你的人生將會充實又滿足。

❀ 我 是 富 裕 。 我 是 豐 盛 。 我 是 喜 樂 。 ❀

　　享受工作最穩當的方法是從事符合人生目的的工作。不論你判定自己的人生目的是什麼，就去從事相關工作，不是做你的工作或義務，而是你覺得內心呼喚你做的事，是你夢寐以求的事，這樣的你會很容易在工作中體驗到喜樂。這告訴了你什麼？

　　只要知道自己的人生目的是什麼，並投入相關的工作，每個人都能在自己樂在其中的職務或公司工作。

❀ 我 是 富 裕 。 我 是 豐 盛 。 我 是 喜 樂 。 ❀

　　當你毫無恐懼地將思想瞄準人生目的，你就成為強大的創造力。

❀ 我 是 富 裕 。 我 是 豐 盛 。 我 是 喜 樂 。 ❀

　　從事符合人生目的的工作，工作就不再是一份差事；工作會變得愉悅、變成生活。工作和樂趣之間的界線會消失。

❀ 我 是 富 裕 。 我 是 豐 盛 。 我 是 喜 樂 。 ❀

　　你有幾個人生目的？你覺得有幾個就是幾個。並沒有限

制只能有一個。你是多維度的存有。

❇ 我 是 富 裕 。 我 是 豐 盛 。 我 是 喜 樂 。 ❇

在其餘情況不變之下，一個人或社會愈能找出並實踐人生目的，愈能富裕和快樂。

生命是一場慶祝，慶祝最適合喜樂。喜樂則是靈能夠以自己喜歡、滿足欲望的方式得到抒發。人生目的給靈這個機會。找出你為自己選擇的人生目的，你將會在工作中找到愛、喜樂、富裕，並給社會最棒的貢獻。

說到貢獻，你知道得到富裕的強效方式之一就是施予嗎？**你施予出去的事物，會給你帶來七倍的回饋。**讓我們繼續討論另一個有力的深刻見解。

15

施予——
究竟會得到什麼？

✿

我是富裕。我是豐盛。我是喜樂。

✿

最偉大的法則之一是施予的法則。這是很厲害的法則。恣意、快活地施予。永遠養成開心施予的習慣。先施予，再接收。不論你給出去的是什麼能量，都會以神奇的方式再回到你身上。比方說，你可以施予時間，並在很久以後從出乎意料的管道，以出乎意料的形式，得到令你獲益匪淺的時間回饋。你不能堅持要以特定的形式在特定的時間得到回饋，但你儘管放心，一切都會以對你最好的方式回到你身上。施予，施予，施予。快活而自由地施予。重點是，你施予時的能量狀態，因此施予時不要心不甘情不願。因果律保障你的施予會得到充分的回饋。

生命就是用來施予的。

施予你擁有的事物，包括時間、金錢、微笑、愛、讚美，什麼都行。你將收到自己沒有的事物。

❀ 我 是 富 裕 。 我 是 豐 盛 。 我 是 喜 樂 。 ❀

宅心仁厚地施予，心懷感恩地回收。**宅心仁厚和心懷感恩是使施予充滿能量的因素。**

❀ 我 是 富 裕 。 我 是 豐 盛 。 我 是 喜 樂 。 ❀

照顧社會和大自然，你就照顧了自己。常常為大自然和社會分享及付出。這是會下金蛋的金雞母，需要受到保護與

滋養，才能繼續保護並滋養你。

❀　我是富裕。我是豐盛。我是喜樂。❀

分享。施予。助人。視你使別人建立富裕的比例和程度而定，你也會建立自己的富裕。

❀　我是富裕。我是豐盛。我是喜樂。❀

在貸款給別人、讓別人可以建立財富的金融服務及機構投資一些金錢。這是另一個照顧社會的好方法，可使社會富裕，而你也會因此富裕一點。

❀　我是富裕。我是豐盛。我是喜樂。❀

宇宙全是能量，且能量會流動。施予促進這種能量的流動，使你與宇宙的力量和諧共處。**不論你希望擁有什麼，先使其他的存有得到，你便會開始大量擁有它。**施予將給你帶來幾倍的回報。比方說，如果你希望致富，讓別人知道如何擁有財富，你也會以奇妙的方式很快富裕起來。這是錯綜複雜又運作完美的系統。滿心歡喜地施予吧！

❀　我是富裕。我是豐盛。我是喜樂。❀

分享，分享，分享。這是儲存在宇宙的投資，日後你將得到驚人的利息。愉快而真誠地分享。

　　❀　我是富裕。我是豐盛。我是喜樂。❀

　　你希望自己擁有什麼，就使別人能夠擁有什麼。你要財富和豐盛，就使別人也擁有。你要怎麼讓別人富有？把這些道理傳授給對致富感興趣的朋友。給他們看這本書跟其他類似的書籍。跟他們組成讀書會或智囊團。當兩個或更多人聚在一起時，集結起來的力量會超過個別成員的總合。

　　❀　我是富裕。我是豐盛。我是喜樂。❀

　　培養你的覺知力，讓自己能夠留意並看見一切你能夠自由快活地施予的機會。你可以施予物質的東西、你的時間、技能或任何事物。

　　❀　我是富裕。我是豐盛。我是喜樂。❀

　　革除認為自己應該先得而後施的習慣。那不是施予，而是交換。假如你要這樣看，也可以說恣意而愉悅地施予讓你可以跟宇宙做生意。這是施與受的運作方式。你給某人你現在擁有的東西，而且是自由快活地施予。依據宇宙法則，

宇宙就會找出最恰當的方式，透過某件你沒有的事物將那份能量歸還給你。宇宙給你的將是你付出的好幾倍，而且是在最恰當的時機，以最恰當的形式發生。那是神奇的過程。顯然，你愈是施予，你便為自己創造愈多魔法。生命會開始為你服務。

❀　我 是 富 裕 。 我 是 豐 盛 。 我 是 喜 樂 。 ❀

培養快活而恣意施予的強烈欲望和恆心。

❀　我 是 富 裕 。 我 是 豐 盛 。 我 是 喜 樂 。 ❀

設定目標時，記得納入幾個跟恣意快活的施予有關的目標。依據因果律，施予是你能採取的強效行動之一。宇宙會加倍奉還，回給你七倍。你經不起在生命計畫裡錯過施予這個管道。你經不起將一切託付給偶發事件。

◇❀　我 是 富 裕 。 我 是 豐 盛 。 我 是 喜 樂 。 ❀

養成施予的習慣，做到想都不想便自然施予。這會使你成為一路走來始終如一的施予者，宇宙會為你工作。

❀　我 是 富 裕 。 我 是 豐 盛 。 我 是 喜 樂 。 ❀

隨興地施予。

❀ 　我 是 富 裕 。 我 是 豐 盛 。 我 是 喜 樂 。 ❀

培養施予的習慣，直到你能樂在施予，徹底享受施予。

❀ 　我 是 富 裕 。 我 是 豐 盛 。 我 是 喜 樂 。 ❀

　　在施予的時候，想著並知道宇宙會回饋你並不礙事。不用假裝自己對得到施予的回報不感興趣。期待回報沒什麼不好。實際上，期待回報使那份回報更有回到你身上的能量。唯一會違反施予法則的狀況是你期待接受你施予的對象，給你回報，宣稱：「既然我幫你做了這件事，你就應該替我做那件事。」事實上，要求得到特定的回報，違反了宇宙法則。那會使你的心智聚焦在「交易」，而不是「愉快而自由地施予」。**萬萬不可要求或期待接受你施予的人「報答」你。你收到的回饋，會來自宇宙認為最適合你的管道及時機，並且以最適合你的形式出現。**

❀ 　我 是 富 裕 。 我 是 豐 盛 。 我 是 喜 樂 。 ❀

　　總有能夠施予的事物，比方時間、讚美、才華、金錢、知識、分享書籍等等。

✿ 我是富裕。我是豐盛。我是喜樂。✿

施予有一項附加效果：讓你看見你不知道自己擁有的事物。比如你希望擁有財富。於是你決定以協助別人學習致富之道的方式，先將財富施予別人。你看了像本書這一類的書籍，運用你得到的知識來指點別人，跟人分享書籍和資源等等。神奇的是，在這個過程中，你最後會醒悟到自己具備你原先以為自己沒有的大量財富和致富能力。

✿ 我是富裕。我是豐盛。我是喜樂。✿

你周遭就有大量的施予機會，但只有在你決定開始看見這些機會時，你才看得到。

✿ 我是富裕。我是豐盛。我是喜樂。✿

也要學會優雅而愉快地接受。不要對接受感到彆扭。那是你應得的；你得接受，才能跟施與受的法則和諧共鳴。

✿ 我是富裕。我是豐盛。我是喜樂。✿

施予的要訣是不強迫中獎。自由而愉快地提供你的好意。釋出好意，不要硬逼人家接受。是釋出，如果對方不願

意接受你的好意，也能愉快地尊重對方的意願。如果人家不領情，不要覺得受到冒犯，給對方作選擇的絕對自由。也不要讓人依賴你。當你讓一個不需要你饋贈的人依賴你，你對他們並沒有任何好處，因為你削弱了他們對自己、對自己的能力的信念。

❀ 我 是 富 裕 。 我 是 豐 盛 。 我 是 喜 樂 。 ❀

以下是可能發生的情境。想像有個人沒有什麼財物能夠施予別人、跟別人分享。

但這個人很迷人又仁慈，儘管別人不曾讚美他，他還是經常滿口誇獎他遇到的人。這個人找出鼓勵別人、讚美別人的方式，因而提振了別人的心情和自信，但從來沒有誰讚美過他。不過，用不著擔心。宇宙的帳簿是完美無瑕的。這一類的施予建立了他在宇宙系統裡的存款。有一天，依據因果律和施與受的法則，這個人莫名其妙地得到他一直想要的單車，就在他需要的時候，以看似奇蹟的方式。這個方式也許是贏得比賽，或是陌生人的贈禮，或數不清的其他可能性（俗稱走運）。這便是施予的運作方式。有時宇宙會將你擁有、你能施予、你也真的施予了的小事整合起來，換成一件你沒有但你要求過的重大事物，在完美的時機交給你。

❀ 我 是 富 裕 。 我 是 豐 盛 。 我 是 喜 樂 。 ❀

當你施予自己的財物，你只施予了一點點。

當你奉獻自己，那才是眞正的施予。

財物說穿了不就是一些你擔心明天會要用到

而留在身邊守護著的東西嗎？

⋯⋯而擔心自己會有所需要的恐懼，

不就只是恐懼嗎？當你的井是滿的，

你解除不了的乾渴豈不是對乾渴的恐懼嗎？

有些人從自己擁有的許多財物裡施予了一點點，

他們爲了得到認同而施予，

而那份沒有言明的欲望，使他們的饋贈失去美意。

也有些人將不多的財富全部施予出去。

這些相信生命、相信生命豐盛的人，

他們的櫥櫃絕不會空虛⋯⋯。

在別人請求時施予是好的，但別人沒有請求，

你便因體諒而施予更好⋯⋯。

因爲實際上是生命施予生命──而你，

自認爲是一個施予者，也只是一個見證者⋯⋯

你們都是接受者。

──紀伯倫──

❀ 我 是 富 裕 。 我 是 豐 盛 。 我 是 喜 樂 。 ❀

在其餘情況不變之下，一個人或社會愈能正確地分享和施予，愈能富裕和快樂。

現在，你知道怎麼跟宇宙做生意。宇宙本身就是施予的宇宙，因為生命就是為了施予而存在。你施予，然後接收七倍的回饋，你的好心真的會得到回報。本源、生命完全關乎施予；而掌管宇宙的智慧總會榮耀你的施予，永遠如此。開心地施予吧！生命的每件事物都是一項禮物。尤其是在富裕和快樂方面，永遠不要停止使別人富裕快樂，你便會加倍得到富裕和快樂！

但施予跟什麼是一對？是接受。什麼跟接受又是一對？是感恩，謝謝！我們來看看感恩。

16

感恩——

敲定交易

✿

我是富裕。我是豐盛。我是喜樂。

✿

生命的一切都是禮物。每個人、每一刻、每件事物都是禮物；只是我們拒絕拆開禮物，才沒有收到送給我們的禮物。凡事都降臨在感恩的人身上。這句話很符合事實，以下是它靈驗無比的原因。根據因果律，你的感恩會吸引你感恩的事物。你應該在還沒接收到任何事物時就感恩，因為基於宇宙法則，你知道自己一定會接收到。實際上，你連祈求都還沒提出，你就擁有你祈求的事物了。感恩使你快一點接收，因為感恩宣告了你的信念；你熱切而真誠地為你將會接收到的事物感恩，處於感恩的狀態，更精確地說，你已經接收到了，並且即將開始體驗。注意，早在你連「收」都沒收到你要的事物時，你就在感恩了。實際上，你已經擁有一切；你只是還沒體驗到。

因此，**感恩是接收和體驗的第一步，感恩是宣告你很篤定自己將會得到**。想像自己對一件未來的事件感恩、興奮，你知道那背後蘊含多少信心，並且讓你飛快向目標前進嗎？那是很不可思議的！感恩不但是該做的事，還能創造信心，使信心增長。

感恩。

你感恩的事物會向你披露它帶來的禮物，為你效勞。諸事感恩，因為每件事都幫助你發掘自己的一個特質。

❀ 我 是 富 裕 。 我 是 豐 盛 。 我 是 喜 樂 。 ❀

祕訣是學會接受你現有的一切、愛當下這一刻，愛這一刻的一切，你不會希望現況不一樣，一心只想待在你置身的當下。這樣做可讓你處於平靜的狀態，在這種狀態下，最適合尋找當下這一刻蘊藏的禮物，如此你可以往你想去的方向快速成長。

❀　我 是 富 裕 。 我 是 豐 盛 。 我 是 喜 樂 。 ❀

對過去、現在、未來的每件事感恩可創造奇蹟。

❀　我 是 富 裕 。 我 是 豐 盛 。 我 是 喜 樂 。 ❀

　　在其餘情況不變之下，一個人或社會愈能對每件事、對彼此感恩，愈能富裕和快樂。

　　感恩不太需要解釋，你知道怎樣感恩。在你內心，你知道感恩多麼神奇。你現在只需要體認到每一刻、每個人、每件事物，都是由你自己的選擇、想法、行動、存在狀態所帶給你的。那是你招徠的。世界只是在你周遭創造它自己，好讓你體驗自己的本我，並重新創造自己。因此對每一刻、每件事、每個人感恩；這是自我發現的最佳方式。**記住，你抗拒的事物會持續。感恩否決了抗拒。一旦你感恩，你便能以清明的目光看待每件事，並且看見自己。**

　　感恩的另一項紅利是信心。現在就對你意圖在未來體驗

的事物感恩，使你更篤定會在未來體驗到那些事物，這又把
那些事物帶向你，使你對未來興奮！

17

意識——

你體驗到自己能覺察到的事物

我是富裕。我是豐盛。我是喜樂。

本書大致上是在談富裕意識。但意識是什麼？意識就是對某件事物**覺醒**。富裕意識就是對富裕覺醒。富裕當然一直都在那裡，只是你不曾對它覺醒。你不能體驗自己覺察不到的事物。意識就是使你能夠對一種存在狀態或體驗覺醒的一套特質和能力。本書討論的內容讓你能夠對已經在那裡的富裕覺醒。快樂也已經在那裡了。因此，朋友們，覺醒吧！

一國的物質財富只是該國的集體富裕意識的顯化。任何群體都一樣，從家庭，到企業，到各洲大陸，到世界。在一個群體中意識最昏昧的人會拉低意識最清明的人的體驗。因此明智的人會盡力提升整個群體的意識，好讓自己能夠體驗到更多事物。袖手旁觀或是壓低別人的富裕意識，是在扯自己後腿。

✿ 我 是 富 裕 。 我 是 豐 盛 。 我 是 喜 樂 。 ✿

好幾個研究顯示，很多贏得超過一百萬美金的樂透得主，後來的財務狀況比得獎前更惡劣。他們在短得驚人的時間裡失去全部獎金，而他們累積的新債務與負債使他們的處境比原本更淒慘。**使人富裕的不是金錢。而是富裕意識。**沒有富裕意識的人不能富裕，就算中大樂透也沒用。話說回來，具備富裕意識的人無法長時間缺乏金錢和財富。他們可能因為錯誤的想法或選擇較高層次的選項而偶然破產，但他們總是可以重新振作。他們不怕破產，因為他們明白就算破

產也是一時的，他們天生就能立刻捲土重來。你可以拿走他們全部的錢，不出一年，他們很快會恢復富裕，最低限度也正在邁向富裕的路上。那跟運氣無關。

❀ 我 是 富 裕 。 我 是 豐 盛 。 我 是 喜 樂 。 ❀

當顯意識、潛意識、超意識的自我都作出相同的選擇，最強大的創造力便會供你差遣。要做到這一點，就要在你自我的這三個層次都提升意識和覺知力。你能覺察並意識到以前你習慣在潛意識做的事。你可以做到這一點，辦法就是決定你要覺知。決定你要覺察和深思熟慮；留意你的想法、行動、夢境，不要恍恍惚惚、晃來晃去作白日夢，無意識地做事。內觀（如實觀察）靜坐也很適合。這是另一個提升覺知的妙法。

要知道，你的本我會作選擇，但如果你沒有覺察到，就不會知道這些選擇是什麼。這些選擇就是超意識。想要能夠覺知到這些選擇，就要尊重你的感覺（不是偽裝成感覺的情緒或想法，而是實實在在的感覺）。你也能透過靜坐，覺察到心智的超意識層面。

有些選擇是你在顯意識層面作的決定，有的則是在潛意識層面。你可以提高你對潛意識選擇的覺知，作法就是決定你要覺知，並且留意你的想法。比如，以前你可能對某個特定主題抱持恐懼的無用想法，優柔寡斷。這些想法在你做其

他事情時，一直盤旋在你腦海；這些是背景思緒。好，現在你該做的是留意你的想法，不容許任何無用的白日夢像關在籠子裡的野猴子一樣，不斷為了一件事翻來覆去。

重點是，如果這三個意識層次對同一個決定的選擇都不一樣，你得到的結果顯然會很錯亂，令你百思不解。解決之道是提升你每個層面的覺知力。

❉ 我 是 富 裕 。 我 是 豐 盛 。 我 是 喜 樂 。❉

所有創造的本源是一片有無限可能性與創造力的場域。我們真實的自我跟本源是一體的，具備相同的形象和特質。當我們覺知到這一點，並相信事實如此，我們便能運用這片無限可能性的場域和我們與生俱來的創造能力。

❉ 我 是 富 裕 。 我 是 豐 盛 。 我 是 喜 樂 。❉

一定要有不識貧窮為何物的富裕意識（精確地說，是了解貧窮的假象）。好好下工夫，直到貧窮的想法變得可笑，直到你覺得自己可能變窮的想法太荒謬為止。

❉ 我 是 富 裕 。 我 是 豐 盛 。 我 是 喜 樂 。❉

你透過提升自己的內在價值來創造金錢。要做到這一

點，你可以閱讀像本書這樣的書籍。也可以記住你真實的本我具備跟本源一樣的形象和特質，就是豐盛。接著，你跟人交換你建立的內在價值，藉此體驗金錢。你跟別人交換內在價值的方式是向別人提供服務、貨物和金錢，來交換他們的服務、貨物和金錢。記住，人的內在有獨一無二的人生目的或能力。他們實踐了這份能力或人生目的的一部分或全部；他們運用自己的內在價值來創造事物。因此，他們創造的事物是獨一無二的，而交換這些獨一無二的創造物則帶來鈔票，或者說現金。鈔票只是交換我們開發的獨特內在價值的媒介。透過建立內在價值來建立富裕。**運用現有的內在價值實現你的人生目的和能力，藉此體驗富裕。一切全在你之內。要建立外在的富裕，就建立內在的價值然後予以運用。就這麼簡單。**內在價值最主要的成分是所有人可立刻取用的。也就是信心，亦即篤定、想像力、探究與專注。活動、採取行動，將內在價值轉換為外在價值、物質財富。

❀ 我 是 富 裕 。 我 是 豐 盛 。 我 是 喜 樂 。 ❀

富裕會追隨具備富裕意識的人，而不是反過來。富裕意識來自對榮華富貴的信心十足的狀態和想法。內心容不下任何貧窮或限制、懷疑或匱乏的想法。也不允許恐懼和懷疑的狀態存在。

❖ 我 是 富 裕 。 我 是 豐 盛 。 我 是 喜 樂 。 ❖

賺錢與直接操縱你如今稱為金錢的東西毫不相干，只跟富裕意識息息相關。

❖ 我 是 富 裕 。 我 是 豐 盛 。 我 是 喜 樂 。 ❖

富裕是可預測的結果。富裕的起因是可預測的，每個人都可自由擷取，沒有例外。

❖ 我 是 富 裕 。 我 是 豐 盛 。 我 是 喜 樂 。 ❖

外在事物會讓你體驗富裕，或阻礙你體驗富裕，端視你內在有多少富裕意識而定。快樂也一樣，外在事物會讓你體驗到快樂，或阻礙你體驗快樂，端視你的內在有多快樂而定。其餘事物也一體適用，諸如和平、愛、不批判、不譴責、不分裂等等。

❖ 我 是 富 裕 。 我 是 豐 盛 。 我 是 喜 樂 。 ❖

集體意識對你的富裕和快樂影響很大。你創造生命裡的許多事件。但有些事件之所以發生，尤其是重大事件，是因為你的世界、你的社會、你身邊那些人的思想和意識。你已

經聽過這個概念的許多不同形式了（有兩個或更多人聚在一起時……）。你不是單獨的人；你跟別人不是分離的個體。你這個個體對整個群體很重要，反之亦然。你的富裕和快樂程度，是由你自己和其他人共同決定的。請仔細地了解這一點。沒人可以阻礙你的快樂和富裕，因為是你一個人選擇要將經驗到的每件事視為好事或壞事，別人奪不走你的內在決定。只有你能選擇擁有富裕或快樂，除了你自己，誰都不能剝奪你的選擇。

話雖如此，如果你周遭的人擁有適當的意識狀態，你會比較容易遇到美好、快樂的機會和事件。把你的心智想成是靈的延伸，把你的身體想成是心智的延伸，把你的周遭環境和其他人想成是你身體的延伸，而世界則是你的環境的延伸，因此，整個世界就是你範圍比較大的身體延伸。別人也是。據此，在你延伸的身體裡的「好」或「壞」，都會依據它跟你之間的「距離」而影響到你。因此，在這個世界散播富裕與快樂的意識來「改善」大型延伸身體的整體，很符合你的切身利益，因為在身體的一部分所發生的事，會影響整個身體。社會上只要一個人提升了，便會引發一連串的反應，使社會上每個人出現程度不等的提升。因此提升你自己，提升別人，你自然也會向上提升。就算你只告訴幾個人，那就夠了，但盡力公告周知，便可大幅提升這個宇宙。本書就是一個起點，跟別人分享這本書吧。利用網路、電子郵件、手機的簡訊。

我們發明這些價格實惠的溝通網絡，證明了我們愈來愈體認到大家是一體的，大家也是持續在那份體認下成長的工具。因此運用這些網絡；記住它們。

❀ 我 是 富 裕 。 我 是 豐 盛 。 我 是 喜 樂 。 ❀

變得富裕、快樂的妙法之一是天天靜坐。靜坐讓你跟你的高我搭上線，本書的教導於是可以變成你，變成你的體驗，融入你身體的每個細胞。這些教導不再是紙上談兵的理論，因為它們就是你。你將不必再吃力地操練和記憶這些道理，因為它們就是你。開始靜坐吧，不久，這便會發生在你身上。在此建議的靜坐法門是內觀（如實觀察、內省）。

❀ 我 是 富 裕 。 我 是 豐 盛 。 我 是 喜 樂 。 ❀

在其餘情況不變之下，一個人或社會愈能在本身及其周遭的人身上建立富裕、健康、快樂的意識，愈能富裕、健康和快樂。

現在，討論一個較大層面的時候到了。現在應該來探討意識的載體：本我，亦即宇宙的建造者，以空間和時間為素材來創造體驗的建造者。

18

本我——宇宙的建構

❀

我是富裕。我是豐盛。我是喜樂。

❀

現來該來看看第一起因了，凡事都源自第一起因。古有明訓：認識你自己。

你的本我、你的靈、你的靈魂，隨你怎麼稱呼，都是真正的你。你的其餘部分只是一套工具。你的個性、身體、小我只是本我暫時借用的工具，本我永遠存在，即使在你拋棄其餘的一切之後。

你的本我是你整個世界的第一起因。你的任何存在狀態，源頭一定是本我。你的思想來自本我，你的欲望來自本我。你想得出世界上有什麼東西不是來自靈嗎？任何事物都不能在靈之外存在；任何事物都無法在生命之外存在。連富裕都有第一起因。現在你明白為什麼一定要認識靈了，如此你才會知道如何提高跟自己生命的第一起因的連結和覺知，進而在生命中創造富裕和快樂的體驗。

本書前面已經多次談到靈，尤其是解釋存在狀態的時候。現在我們要看本我的兩個層面：一是你實質的靈的層面，一是你以人格體（personality）的生命形式在這個世界所做的事。我們會討論什麼對你和你的本我才是健康的，也就是什麼能幫助你擁有富裕與快樂。

你是第一起因。

人會吸引到跟自己相同的事物，而非他們想要的事物。他們會吸引自己喜愛的事物和恐懼的事物。他們會留住自己批判、譴責的事物。**他們抗拒的事物會持續存在。他們接納並悉心檢視的事物則會釋放他們。**他們真心相信的信念，將

會在他們的生命裡成真。

❊ 我 是 富 裕 。 我 是 豐 盛 。 我 是 喜 樂 。 ❊

凡事往好處看。注視光明，就絕不會看到黑暗。

❊ 我 是 富 裕 。 我 是 豐 盛 。 我 是 喜 樂 。 ❊

變化是宇宙唯一的常數。凡事都是時時刻刻不停變化的。生命完全關乎變化，成長隨著變化而來。有一天，你連自己的肉身都會拋下。你絕不可能真的擁有在地球上的任何事物。**認為自己擁有什麼事物，那件事物就反過來擁有你。**所有權的想法造成對變化的抗拒，抗拒威力無邊的宇宙以其無限智慧所做的事。一旦你開始認為自己擁有什麼，那件事物就立刻擁有了你。如果你希望能夠明智地享用榮華富貴，讓財富發揮作用，就必須將所有權的概念，改為暫時的保管權，可運用某件事物、保留某件事物、照顧某件事物。如此，你就準備好在面臨變局帶來免不了的改變時「順其自然」，不致於失落、痛苦。**許多痛苦是抗拒改變造成的。抗拒改變就表示你相信自己未必可以擁有某些事物、你可能失去某些事物。然而，在較高層次上，在靈的層次上，你隨時擁有一切。**

❀　我　是　富　裕　。　我　是　豐　盛　。　我　是　喜　樂　。❀

是什麼讓你卻步？你擁有一切。你可以選擇體驗本我的任何一部分，只要你作出選擇時是熱切而堅信不移的。有信心，凡事都可能。反正一切都是你的。

❀　我　是　富　裕　。　我　是　豐　盛　。　我　是　喜　樂　。❀

你在等什麼？

❀　我　是　富　裕　。　我　是　豐　盛　。　我　是　喜　樂　。❀

平靜是日積月累出來的智慧果實。平靜給人真正的控制力和精準的思想。

❀　我　是　富　裕　。　我　是　豐　盛　。　我　是　喜　樂　。❀

歡慶生命！

❀　我　是　富　裕　。　我　是　豐　盛　。　我　是　喜　樂　。❀

對未知的恐懼令人動彈不得，這是完全不必要的。只有在未知裡，才能找到成長、新鮮事、創造。已知、過去都是

體驗過的事物，已然消逝了。以前的時刻是消逝的時刻，只在你的記憶裡徘徊不去。有時我們會不斷重現過去，一遍又一遍，因為害怕失去它而維繫它。但新的成長、新的創造只存在於未知中。學習去愛並珍惜未知的禮物和力量。選擇這樣做，你會發現自己踏上探索與成長的美好旅程。永遠記住你的本我無所不知，沒有什麼是它不知道的。只有你的小我因對時空的狹隘觀點，才會只知道一切萬有的一小部分。信任你的靈、你的本我絕不會傷害你。你是你的本我，不是你的身體和小我。**所有的痛苦都來自恐懼，來自深深相信這個世界的假象。放手吧。**

❀ 我 是 富 裕 。 我 是 豐 盛 。 我 是 喜 樂 。 ❀

未知挾帶大量的機會、知識、潛力和報酬。試著常常涉足未知。

❀ 我 是 富 裕 。 我 是 豐 盛 。 我 是 喜 樂 。 ❀

前後一致的人生目的，好奇心，自信，勇氣，歡快，篤定的意圖。這些全都是好東西。

❀ 我 是 富 裕 。 我 是 豐 盛 。 我 是 喜 樂 。 ❀

你為什麼裹足不前？

❀ 我是富裕。我是豐盛。我是喜樂。❀

放手。

❀ 我是富裕。我是豐盛。我是喜樂。❀

在每一刻、每個情況，面對每個想法和行動，問自己兩個問題：

這就是我對自己最輝煌的願景的最宏偉版本嗎？
愛會怎麼做？

依據你對這兩個問題的答案，調整你的想法和行動。這是在人生所有領域裡飛快成長的方法。

❀ 我是富裕。我是豐盛。我是喜樂。❀

質疑每件事，不排除任何可能性。要願意暫時放下你所知的一切。在你停止告訴新事物你認為它們應有的模樣之前，你不會發現新事物。由新事物告訴你它們究竟是什麼吧！

❇ 我是富裕。我是豐盛。我是喜樂。❇

　　天天鍛練身體。身體是一套能量系統，也是心智的延伸。運動開啟你心智及身體的能量管道。記住，思想是能量，你的心智遍布你的全身，在你身體的每個細胞裡，不是只在你的大腦裡。天天鍛練身體，你的心智、想法都會強化很多。

❇ 我是富裕。我是豐盛。我是喜樂。❇

　　變化是唯一的常數。熱愛變化。擁抱變化。找出變化帶來的禮物。改變。反正這是世間唯一的遊戲，生命的遊戲，就是變化的遊戲。

❇ 我是富裕。我是豐盛。我是喜樂。❇

　　一個人會遇到的機會、生意、情況、人，端視他具備並運用多少富裕意識而定，讓他將自己具備並選擇動用的富裕意識，顯化為物質形態。這跟運氣和巧合無關。有些人稱之為運氣和巧合，但那其實是充滿無限智慧的宇宙，精準地執行巧妙的計畫，分毫不差地重現我們以篤信的心所想像出來的個人樣貌。

✿ 我 是 富 裕 。 我 是 豐 盛 。 我 是 喜 樂 。 ✿

你是你自己的運氣。

✿ 我 是 富 裕 。 我 是 豐 盛 。 我 是 喜 樂 。 ✿

什麼是「可以」？什麼是「應該」？可以跟不可以、應該跟不應該的界線在哪裡？界線真的存在嗎？還是你我捏造的呢？

✿ 我 是 富 裕 。 我 是 豐 盛 。 我 是 喜 樂 。 ✿

你就是魔法。

✿ 我 是 富 裕 。 我 是 豐 盛 。 我 是 喜 樂 。 ✿

改變就是宇宙的秩序。生命關乎改變。成長和演化就是生命的宗旨。緊抓著事物不放不但沒有效益，還對你有害。當你抗拒改變，你贏不了人生的遊戲。

✿ 我 是 富 裕 。 我 是 豐 盛 。 我 是 喜 樂 。 ✿

現在你知道真相了，你知道始終如一駕馭宇宙的法則，

將這個真相隨時牢記在想法裡，你將不會再受到物質世界影響。你會成為世界的主人，而不是世界的奴隸。真相讓你重拾自由。

❧ 我 是 富 裕 。 我 是 豐 盛 。 我 是 喜 樂 。 ❧

生命只關乎成長、意識的擴張。生命、本源、神的設計，或者說計畫，從來都不是要禁止你擴張意識。事實上，生命完全是設計來讓意識不斷擴張的。你擴張意識，包括富裕意識，符合整個宇宙的最佳利益。生命想要表達、體驗自己，如此才會有演化和成長。如果你想得夠透徹，富裕對於促成這樣的成長很有幫助。一旦擁有財富，你就能自由探索生命中那些沒錢就不能接觸的許多其他層面。所有生命的真正天性是增加生命。任何抵觸的情況都違反了生命。**你對富裕的欲望是非常自然且必要的，如此你才能向更高層次邁進。**富裕不但是自然的，而且只要你遵守自然的法則，你會受到大自然的傾力支持。古籍告訴我們，神也希望你得到富裕，只要你順天，大自然也會善待你的致富計畫。

❧ 我 是 富 裕 。 我 是 豐 盛 。 我 是 喜 樂 。 ❧

我們活在相對的世界。每件存在於你之外的事物，都以最巧妙的方式，協助你認識自己、重新打造嶄新的自己。這

些事物都是最巧妙的，因為對所有的存在來說，這都符合事實。沒有矮子，高個子絕不會知道自己高。沒有「壞」人，「好」人絕不會知道自己「好」。反之亦然。你需要比較的架構和反例來知道自己是什麼，並選擇接下來要變成什麼樣子。在你開始認定每個人、每件事物都為你捎來某種禮物的那一天，當你設法釐清這些禮物是什麼，同時醒悟到自己在這世上也是為了讓別人可以定義他們自己，並願意達成別人的請求，也就是你開始迅速邁向更富裕的那一天。

❀ 我 是 富 裕 。 我 是 豐 盛 。 我 是 喜 樂 。 ❀

愛你自己、你的顧客、你的世界、你的家人、每個人、每件事物。愛是最強大的力量。

❀ 我 是 富 裕 。 我 是 豐 盛 。 我 是 喜 樂 。 ❀

你希望變得富裕。那很棒。但你是誰？這是很深奧的問題。問自己：「我是誰？」你的第一個答案也許是「我是雅珍」或「我是志偉」。然後你也許會說這樣的話：「我是二十八歲的女性，台灣出生，性子很急但很快樂，有時候會疑神疑鬼，但大致上算有自信。」真的嗎？那真的是你嗎？這裡的每一條描述都有起始的時間。你的父母給你一個名字；你在歲月的推移下養成了你的習慣、個性、性情。這些極少是與

生俱來的，你投胎時也不具備這些特質。亦即，這些都不是真正的你，當你前往下一個存在的層次，你會把這些特質都留在這個層次。所以說這些都不是真正的你、你的本我。

這些是你穿在本我之上的「夾克」，你會隨著時光流轉脫下這些夾克（人是會變的），有些則是在離開地球時才脫下。

看看這句話：「我是二十八歲的女性。」你的本我真的只有二十八歲？本我有沒有可能在你投胎到這個世界之前就存在？你的本我絕對是男性或女性嗎？你不需要知道這些問題的答案就能富裕。但務必要體認到一件事，就像我們前文說過你不是你的情境，你長年累月對自己抱持的一些看法也不是你。這些「夾克」能夠幫助你、對你有用，有時卻會拖累你。過度認同這些夾克的人，尤其是認同負面夾克的人，其實是將自己關在牢籠裡、在箱子裡，困在自己不能逃脫的處境下，害怕一旦逃走便等於背叛了自我，或是害怕他們的自我沒有本事，但那些信念從來就不是他們真實的本我。

下次你逮到自己說「我做不到，因為我是……」時，重新檢視「我是」的部分，問自己你真的是那樣嗎？抑或那是你在人生路上穿上的一件夾克，一件你很確定有朝一日會脫掉的夾克，一件大可現在就脫掉的夾克。

身體細胞天天在改變；想法來來去去；小我跟自我形象也會變。這些都不是真正的你。你的本我是超脫時間之外的存在，祂穿上許多幻相的夾克，這些夾克應該為你效勞，而

不是阻礙你。這些夾克其實是由你自己控制的，只是你常常忘記這回事。

這些假象、這些夾克，是非常必要的。這些是你的本我用來在物質世界體驗自己的工具。想一想目前為止你對靈和量子物理學的知識。所有的物體在我們狹隘的五感看來是獨立的個體；但實際上，所有物體都屬於同一片根本沒有分離的大能量池。靈也只有一個，但分化成「個別的人」。祂是分化，不是分裂，就像世界上的海洋區分成深度、潮汐、特徵不一的水域，卻是同一個海洋。你的靈只曉得愛，祂不能殺死或傷害自己。祂長生不死，祂也是一。祂不能「破產」，因為祂擁有一切，擁有純粹的富裕和豐盛。

為什麼靈有必要經歷塵世的生命？想像你出生在一個極度富裕的地方，人人都是超級富豪，誰都不缺什麼，欲望一律瞬間實現。這樣你要怎麼體會擁有富裕的興奮？

那是不可能的。你會知道自己是富裕的，但這種富裕對你沒有意義，因為你從來沒有跟貧窮作比較的經驗。你從來都不必從貧苦的環境追求富裕。明白了嗎？你得先在這片超極豐足的土地「破產」，體會苦日子的煎熬，然後努力重拾富裕，才能感受到擁有富裕的興奮和經驗。

即使是你知道的事，除非創造出相反的體驗，否則你不可能體會到自己知道的事。這便是靈的處境；祂無所不知，但除非祂創造出不知道真相、匱乏的幻境，否則體驗不到富裕。讓我們回到前面的例子。如果在那片無比豐饒的土地上

一切都是富足的，你怎樣都不能變窮。因此你得創造假象，讓自己一次只能看到整個世界的極小部分。比如，你不能一眼就看到自己有一輛車、一條路、一棟房屋、一間購物中心，假象會侷限你的視野，讓你只看得到這輛車，這是一開始。然後，你有了工作，你開始看見這棟房子。諸如此類。一旦你能看見全貌，你會因為終於認識了自己一直以來都知道且擁有卻不能體會的事物，而振奮不已。這便是我們在塵世經歷物質體驗的目的。

　　另一個了解這個觀念的方法是想一想你真心喜愛的事物。想想你最愛的食物或甚至是跟你心愛的人享受暢快的性愛。如果你每時每刻都在吃你最愛的食物，在你清醒跟睡眠的每時每刻都吃個不停，或你每次做愛的形式都千篇一律，現在你是不是能看出來，到時體驗就不再是體驗，反而成了沒有實際經驗過的認知，因為那將是你僅有的經歷。你的全部進食經驗將會只有這一種你心愛的食物，最後你不會知道任何其他不一樣的進食經驗，你最愛的食物將不再帶給你快感。這是很簡單的例子；在最高的靈的層級，狀況非常複雜，但至少你懂這個概念。

　　還不信嗎？再來另一個例子：愛的體驗。靈是不朽的，跟萬物是一體的。祂只知道愛，卻體驗不到愛，因為沒有可供比較的其他東西。在靈的終極層次上，所有存在的事物都是一，而一知道一切都是一體的；祂沒有陷入分裂的假象。有些人會稱之為神。讓我們把祂想成是本體、生命，或本

源、一切萬有、我本是。一切萬有、生命、本體，就是這樣，一切皆然。祂不是他，不是她，也不是它。祂是萬有。除了一，什麼都不存在，因此除非一將自己分化成不同的個體，否則祂沒有任何可供祂體驗自己的素材。這種分化和假象始於較低的層次。創造一個意識受限的物質世界是必要的，

在那裡有分裂的假象，可以「殺死」肉體，受傷、吃苦、匱乏。在這個物質世界，可以採取無愛的作為、造成傷害，愛會興起，於是會體驗到愛的果實，嘗到愛的滋味。

現在你明白幻覺是非常必要的手段。你、你的本我需要幻覺、利用幻覺。只有在你的小我令你相信幻覺時，才會造成問題。小我的作用就是創造分裂的假象。這是必要的。但當幻覺被視為真相，就不再是供你體驗靈及一切萬有的偉大工具。幻覺反而變成痛苦的陷阱。你不再「假裝」自己沒有財富來體驗擁有富裕的暢快，反而開始「相信」自己真的不富裕。你停止假裝自己是分裂的獨立個體而且承擔風險，開始相信自己真是那樣。這便是許多痛苦的起因。學會運用幻覺，而不是相信幻覺。耶穌說：「置身在這個世界，但不要屬於這個世界。」正是這個意思。

只要覺知到自己的真實身分，就會為生命帶來驚人的正向轉變。你是有身體、人格體、小我的靈。你不是有靈的身體、人格體、小我。

❀ 我是富裕。我是豐盛。我是喜樂。❀

最重要的是絕對要在人生中擁有喜樂。快活一點；別把事情看得太嚴重；對人對己都不要太嚴厲；讓喜樂進入生活中。喜樂是自然狀態，是靈魂展現自我。喜樂使能量循環不息，讓整場人生值回票價！喜樂所吸引來的事物都會倍數成長。而且妙趣無窮。好好享受吧！

決定從此不再擔憂，不再感到受挫，不再希望自己是在別處做別的事，不再恐懼。這些都是在宣示你很匱乏，會延續匱乏的狀態。

✤　我 是 富 裕 。 我 是 豐 盛 。 我 是 喜 樂 。✤

做任何事之前，永遠問自己：「這就是我嗎？」「我想要這樣定義自己、進入下一個較高層次嗎？」

✤　我 是 富 裕 。 我 是 豐 盛 。 我 是 喜 樂 。✤

一切都在你之內。

✤　我 是 富 裕 。 我 是 豐 盛 。 我 是 喜 樂 。✤

在你放眼所及的一切事物，全都是因你而起。那你為什麼要討厭現在在你周遭的事物？如果你不願意這項事物繼續留在你身邊，問自己：是你的哪一部分或層面導致它出現，

你很快便會發現自己有一些最好要改變的地方。

❈ 我 是 富 裕 。 我 是 豐 盛 。 我 是 喜 樂 。 ❈

凡是發生在你周遭的事，其全部或部分的起因，是來自你整個本我的某個層次，只是你可能沒有意識到是自己的哪些選擇，造成你如今的世界。

❈ 我 是 富 裕 。 我 是 豐 盛 。 我 是 喜 樂 。 ❈

譴責和批判使譴責和批判的事物留在原地。

❈ 我 是 富 裕 。 我 是 豐 盛 。 我 是 喜 樂 。 ❈

你不是你的過去，完全不是，一點都不是，除非你要堅持那就是你。

❈ 我 是 富 裕 。 我 是 豐 盛 。 我 是 喜 樂 。 ❈

靈魂是你最貼近一切萬有的本源的一部分。祂是本源的個體化分身，具有本源的形象和特質。你的靈魂所知道、所能感知的事，遠超過你的肉體和心智。靈魂透過你身體的感覺和直覺，跟你的心智溝通。如果你希望加速成長，減少不

必要的挫折和痛苦，就永遠聆聽你的感覺和直覺。

❀ 我是富裕。我是豐盛。我是喜樂。❀

你是有身體的靈魂，不是有靈魂的身體。你是有身體、心智、人格體、小我的靈魂。知道這一點以及知道靈魂是什麼，使取得財富的過程出現巨大而有力轉變。

❀ 我是富裕。我是豐盛。我是喜樂。❀

靜坐讓你可直接接觸到意識的統一場域（unified field）、統一心智（unified mind）和無限的智慧。經由靜坐，一個全新的世界會向你敞開。靜坐會讓你發現平靜、智慧、啟發。**這是通往富裕及許多其他事物的另一條路，是無限富裕意識的源頭，你隨時都可自由取用。**

❀ 我是富裕。我是豐盛。我是喜樂。❀

靈感和欲望是靈魂想在這個物質世界表達、顯化的事。實現你目標的捷徑是留意你的欲望和靈感。開發你的直覺。

❀ 我是富裕。我是豐盛。我是喜樂。❀

身、心、靈是相連的。要明白這一點，你可以把心智視為身體最精微的部分，把身體視為心智最堅實的部分。在生活裡落實這項知識，亦即給身、心、靈同等的重視、照顧、注意力，你的成長會最快速，致富也最快。

❀ 我是富裕。我是豐盛。我是喜樂。❀

能夠開出白色百合花的球根是不堪入目的東西；有人覺得它看了就噁心。但既然我們知道球根蘊含著百合，嫌棄球根的長相是多麼愚蠢啊。球根在同類中是完美的；它是完美但不完整的百合，因此我們必須學會在看待每個男人和女人時，不論他們的外表多麼不可愛，在他們現階段的人生中他們都是完美的，而且正逐漸變得完整。瞧，一切都很好……你將文明視為漸入佳境的好事，或是正在敗壞的邪惡壞事，對你的信心和精神會造成極大的差異。一個觀點給你前進、擴展的心智，另一個觀點給你下降、衰減的心智。一個觀點令你成長壯大，另一個觀點則免不了令你窒礙難行。一個觀點讓你可以大刀闊斧投入永恆的事物，使一切不完整、不和諧的事物能夠完整；而另一種觀點則使你淪為東拼西湊的改革家，在你愈看愈感到迷失的淒慘世界中，幾近絕望地去挽救幾個失落的靈魂。因此，要知道你的社會觀點，會使你的處境截然不同。「這個世界一

切都是對的。凡事都不可能是錯的，唯一會錯的是我的個人態度，而我會修正我的態度。我會從最高的觀點，看見大自然及所有事件的事實、情況、社會環境、政治現況、政府和產業。一切都很完美，只是不完整。一切都是神親手打造的。看哪，一切都很好。」

——詹姆士・艾倫——

❀ 我 是 富 裕 。 我 是 豐 盛 。 我 是 喜 樂 。 ❀

這麼多事要從哪裡做起？開始動手做就對了。就這麼簡單，做就是了。現在就做。

❀ 我 是 富 裕 。 我 是 豐 盛 。 我 是 喜 樂 。 ❀

你的真相對你來說總是最真實的。真相是私人的、是變動不定的。儘管你應該與專家、顧問、好書為伍，永遠遵循你覺得符合真相的教誨，但不要盲目聽信外來的資源；向你的本我查證資料是否屬實。

❀ 我 是 富 裕 。 我 是 豐 盛 。 我 是 喜 樂 。 ❀

本源隨時透過各種形式的內在及外在管道向我們每個人說話。永遠動用全部管道。是我們自己封堵了這種溝通的。開始留意你觀賞的電影、你收看的電視節目、你閱讀的雜誌、你交談的對象、你關注的生活事件、你的直覺。這些訊息管道，以及許多其他的管道，都會送來協助你提升的訊息、來自本源的訊息。只要敞開心扉，願意接收就行了。

❀ 我 是 富 裕 。 我 是 豐 盛 。 我 是 喜 樂 。 ❀

舉手投足要活像你已經很富裕了，你確實很富裕。

❀ 我 是 富 裕 。 我 是 豐 盛 。 我 是 喜 樂 。 ❀

除了你畫地自限，否則沒有真正的限制存在。

❀ 我 是 富 裕 。 我 是 豐 盛 。 我 是 喜 樂 。 ❀

做個勢不可擋的人吧，作法就是拒絕停下來。

❀ 我 是 富 裕 。 我 是 豐 盛 。 我 是 喜 樂 。 ❀

這有點像跟大猩猩打架。你不會在自己打累的時候放棄，
你會在大猩猩累了以後才歇手。

——羅伯特・史特勞斯（Robert Strauss）

❀ 我 是 富 裕 。 我 是 豐 盛 。 我 是 喜 樂 。 ❀

你的潛力多到一輩子用不完，甚至夠用幾輩子。別再找
藉口、相信限制了。

❀ 我 是 富 裕 。 我 是 豐 盛 。 我 是 喜 樂 。 ❀

根據我們與生俱來的本質，我們有無限的潛力和能力。
「我不行」根本不存在，因為那是假象。既然沒有外在的事
物能夠阻擋你，那是什麼攔住了你？

❀ 我 是 富 裕 。 我 是 豐 盛 。 我 是 喜 樂 。 ❀

你的靈魂是你最貼近神、本源的一部分。你的靈魂透過
感覺和直覺跟你的心智交談。聆聽你的感覺和直覺。遇到衝
突的想法和情緒時，要以感覺和直覺為準。但是小心，有的
想法和情緒會將自己偽裝成感覺。保持靜定，你就分得出哪
個是哪個。

❀　我 是 富 裕 。 我 是 豐 盛 。 我 是 喜 樂 。 ❀

壓抑的欲望會形成沮喪，這可能導致更嚴重的問題。有時，會使人以不健康的方式滿足這些壓抑的欲望。抒發欲望可創造生命和喜悅。

❀　我 是 富 裕 。 我 是 豐 盛 。 我 是 喜 樂 。 ❀

堅定地依照你的感覺和直覺行事，這些是你跟本源最密切的溝通了。

❀　我 是 富 裕 。 我 是 豐 盛 。 我 是 喜 樂 。 ❀

你是有身體的靈魂，不是有靈魂的身體。當你透徹地明白這一點，生活中隨時謹記在心，你的力量會增加。

❀　我 是 富 裕 。 我 是 豐 盛 。 我 是 喜 樂 。 ❀

「我是……」這是你作出聲明的新句型。「我是……」宇宙絕對會聽從你排放在「我是」後面的話。

❀　我 是 富 裕 。 我 是 豐 盛 。 我 是 喜 樂 。 ❀

你不必仰賴任何身外的東西就能富足。

❀ 我是富裕。我是豐盛。我是喜樂。❀

自由，是你的天性。保有並行使你的自由，同時允許別人保有並行使他們的自由。

❀ 我是富裕。我是豐盛。我是喜樂。❀

停止選擇遵從別人為你作的選擇，開始自己選擇。

❀ 我是富裕。我是豐盛。我是喜樂。❀

天天靜坐，即使一天只做兩段十五分鐘的靜坐也好。這讓你跟本源搭上線，讓你知道自己的真實本性，帶來啟發，並向你展示終極的實相。

❀ 我是富裕。我是豐盛。我是喜樂。❀

你說自己是怎樣的人，你就是怎樣的人。

❀ 我是富裕。我是豐盛。我是喜樂。❀

體驗是在你之內，不是在外面。比如，兩個人去玩遊樂場的同一座雲霄飛車。一個在走下雲霄飛車時覺得痛快又過癮，後續的影響在一生中是正向的，因為每件事都是別的事的起因。另一個人在坐完同一趟雲霄飛車後，內心充滿恐懼和驚駭，後續的影響在一生中是負面的。同一趟雲霄飛車給兩個人的體驗截然不同。任何體驗都不能存在於體驗者之外。即使你覺得糟糕透頂的事件，對別人來說卻是樂事。重點在於當你選擇以正向的立場體驗事情，你的人生就會是正向的。每件事的意義都是你賦予的，你怎麼說你的體驗，那就是怎樣的體驗。

❀ 我 是 富 裕 。 我 是 豐 盛 。 我 是 喜 樂 。 ❀

下次遇到狀況，認清那是假象；決定你要把它視為怎樣的體驗；然後重新創造你自己，好讓假象變成你喜歡的樣子。這適用在財務狀況，以及生活裡所有的其他狀況。

❀ 我 是 富 裕 。 我 是 豐 盛 。 我 是 喜 樂 。 ❀

健康的人通常比較容易創造財富。健康代表身心靈之間的和諧。不健康是三者之間不一致造成的：例如，充滿負面思想和憤怒的心智導致身體不健康。沒有休息、滋養、運動、禁絕毒素的身體會扼殺心智。聆聽、注意、尊重你的身

心靈給你的訊號。

❀ 我 是 富 裕 。 我 是 豐 盛 。 我 是 喜 樂 。 ❀

天天運動和靜坐可以提升能量水準和正向情緒，讓你處於創造富裕和成長的超強大地位。

❀ 我 是 富 裕 。 我 是 豐 盛 。 我 是 喜 樂 。 ❀

記住「我是……。」宇宙、本源會完美顯化全部的「我是」聲明和所有篤定的存在狀態。宇宙裡唯一的時間就是現在──當下。「我是」確實有效，而且使用現式，符合永恆存在的當下這一刻。「我將是」根本無法相比。

❀ 我 是 富 裕 。 我 是 豐 盛 。 我 是 喜 樂 。 ❀

自由。保住你的自由，並允許別人自由。

❀ 我 是 富 裕 。 我 是 豐 盛 。 我 是 喜 樂 。 ❀

別把人生看得太嚴肅。享受人生！像孩子一樣遊戲人生。走到哪都笑口常開。喜樂是你的真實天性，順從自己的真實天性可促進你得到富裕。

❀　我　是　富　裕　。　我　是　豐　盛　。　我　是　喜　樂　。　❀

休息，攝取適當的飲食。為心智和身體的能量系統充電。

❀　我　是　富　裕　。　我　是　豐　盛　。　我　是　喜　樂　。　❀

　　提升你的覺知，你會更能覺察你的潛意識層面。做法是
決定要覺知全部的想法和行動，要觀照並引導它們。靜坐可
大大提振你的覺知力。內觀（反省）的如實觀察靜坐是很好
的技巧。

❀　我　是　富　裕　。　我　是　豐　盛　。　我　是　喜　樂　。　❀

　　神奇的真相如下。當你以智慧使內在自我變得富足，你
外在自我也會成長、富足起來，但你會愈來愈不在乎富裕，
富裕就會漸漸放下對你的執著。你終究會變成一個自然而然
就富裕的人，擁有孩子般無憂無慮的率性，你將會自由享受。

❀　我　是　富　裕　。　我　是　豐　盛　。　我　是　喜　樂　。　❀

　　欲望向你指出你在哪些方面具備內建的能力。你以前可
能沒有駕駛過飛機，但如果你有這種欲望，就表示你的本我
具備學習駕駛飛機的能力和天性。說真的，你的本我知道一

切，但欲望讓你知道在你靈魂的較高層次，你駕駛飛機的欲望是受到全力支持的，整個宇宙都會幫忙顯化你的欲望。做生意時最好也遵循你的欲望，如此，你就會看到自己可以實現欲望的證明，你也將樂在其中。欲望也向你指出本我的哪些部分要求你注意、進化、成長，一切都朝著完美進展。欲望是本我發出的訊號。

❖ 　我 是 富 裕 。 我 是 豐 盛 。 我 是 喜 樂 。 ❖

我們再重溫一次時間的內容。你現在知道時間是什麼。時間是你的意識創造的錯覺，使你一次只能看到整個時空連續統的幾個小部分。記得足球場的例子。你看到球場上的一件物體需要時間才能從球場裡面的一個事件移向下一個事件，但球場本身看到所有的事件同時發生。對球場來說，時間不存在，只是一直處於所有事件（球場上的全部物體）同時發生的永恆當下。

你的意識就是球場上的一件物體。那球場是什麼？它是你的靈或靈魂。你或許想像靈跟意識一樣大，其實靈比意識大很多。**靈涵蓋你生命的所有層面，甚至包括你尚未覺醒的層面，那些你意識不到的部分。**靈現在就存在於你的過去和未來，但你只對目前這一部分覺醒。你的靈是永恆的，祂的存在超脫時間，你的意識則否。靈是多維度的，你的意識則通常具備四個維度。

這裡的重點如下：你的靈透過你的直覺和感受跟你溝通。靈知道你的未來和全部的可能組合。但靈必須經由你的意識來體驗祂知道的事。其實，祂無所不知，但祂需要在物質界的意識來體驗祂知道的概念。你的本我知道你未來每個事件的確切發生時間，也確切知道你現在得做些什麼來使事件在到時候發生。但你的未來並不是定數。

未來會隨著你的每個選擇改變。不論你作什麼選擇，你的靈都知道後續會發生的一連串事件。如果你希望未來的人生可以達成特定的目標，靈會確切知道怎樣達成目標，清楚每一步該怎麼走。

有句老話說：「靈下命令，宇宙就會順從。」對靈來說，凡事都瞬間實現，因為靈同時遍布整個「球場」。你的願望不瞬間實現的主要原因是你可能不聽靈的話。在許願以後似乎要過上一段時日、願望才顯化為體驗的主因，是你未必都聽靈的話。如果你在每個階段都覺知到靈的選擇，你透過直覺和感受得知靈的選擇，你將會作出相同的選擇；一旦你作出選擇，你會發現自己選擇的事物當下出現在你面前，準備好供你體驗。

試著明白這一點。**你的靈可在瞬間得到一切。在作選擇與實現之間沒有延宕。但你的意識通常會體驗到延宕。延宕是你的小我（你在地球上的人格體）跟你的本我之間的選擇不同而造成的。**記住，你是你的本我，但你也有小我、人格體和心智。因此，所有的選擇都是你的，但或可說，靈的選

擇是最強大的。但宇宙會執行你所有的選擇。如果你的本我選擇體驗一個叫作 A1 的選擇，你的小我則選擇 A2，A2 會實現，只是你會體驗到「時間」上的「延宕」，這是因為兩個選擇都傳達給了宇宙而造成的「混亂」。但如果你的小我和靈魂都選擇 A1，你完全不會體驗到延宕。現在的人把這稱為**同步性**（synchronicity）。[1] 同步性就是當你想到某件事或某人，這件事或這個人就立刻「很巧地」出現或找你。你可能會有：「哇！好巧！」的反應，但那不是巧合；那只是靈的選擇與小我的選擇一致，心智與情感的選擇一致。當你的其餘部分作出的選擇都和靈相同，選擇帶來的結果便會瞬間出現。

你的欲望來自靈。靈會選擇事件的正確發生順序，以得到想要的結果。記住，你是你的靈，因此這些是你的選擇。但你有許多構成部分和層次，其中有些只有在你選擇要知道以後才意識得到。**恐懼屬於小我的世界。情緒和不超然也是。這些都會阻礙你的選擇在瞬間顯化，就算你知道靈的選擇是什麼也沒用。**恐懼是看似真實的虛假證據。情緒來自以前的薰陶，那是反應，不是創造，而生命關乎創造。不超然源自於恐懼，源自把失去和失敗的假象當真。

學會有覺知、有直覺、超然、有創意，不要反射性地反應。開始將恐懼當作看似真實的虛假證據，你會愈來愈常在你剛作出選擇或作出選擇不久以後，體驗到你作的選擇。學會信任你的直覺。**醒悟到你是靈魂，你的真實本質無法摧毀、無所不知、實際上無所不在，而你擁有一切。**你的身體

和小我只是為了讓你體驗本我而創造出來的幻相。在靈的層次上，即使就在你閱讀這句話的當下，你也在你的未來。那你何必畏懼下一刻呢？下一刻已經由你搞定了，而你不可能傷害你自己。即使是大家最害怕的死亡，一樣也沒有畏懼的道理。

想想看吧。如果靈不再需要肉體，肉體能怎樣阻擋靈離去、帶走生命？根本沒辦法！如果你的靈選擇向前走，祂就走了。不可能「困住」靈。而如果靈仍然需要肉體，肉體又能做什麼來離開靈？根本沒辦法！你的靈在過去、現在、未來，可以看見你的身體看不到的事。你的身體不能密謀推翻靈。你看出小我對死亡及其餘一切事物的恐懼是徒勞無功的掙扎嗎？你看出恐懼才是造成破壞的禍首嗎？靈什麼都不會失去。祂不可能失敗。靈明白這一點，即使在肉身死亡後（改變形態），祂仍然完好如初，跟以前一樣，一切都很好。畏懼死亡的是小我，而那只是因為死亡是未知。你可能聽說過，了解死亡的人就不再害怕死亡了。

現在，想想你的出生。一如你大概覺察不到你以靈的身分所作的全部選擇，你十之八九不知道你對自己的出生作過的選擇。但這不表示你沒有作過選擇。你選擇了人生目的，

---

1. 英語 synchronicity，德語 Synchronizität，又譯共時性，是瑞士心理學家榮格於 1920 年提出的概念，內涵包括了「有意義的巧合」，用於表示在沒有因果關係的情況下出現的事件之間看似有有意義的關聯。

這已在人生目的那一章說明過了。你有許多人生目的、欲望、在各個層面繼續成長的願望。你精確地選擇出生的恰當環境、身體、外型、地點，以實現你的欲望、人生目的、成長的選擇，並停止相信某些假象。在每一刻，你都將正確的人事物送進自己的生命，好讓自己邁向下一步。有時，你的小我會拒絕接受這些人事物，儘管如此，你還是會將它們送來。你開始明白全套的運作方式了嗎？

　　如果你還是不信服，想想這個。為什麼人家會在考慮自殺時說「我沒辦法再跟自己活在一起了」？看看這句話。句子裡有兩個人。看來像一個人在說：「我沒辦法再跟那個傢伙一起生活了。」但兩個「人」是一體。其中一個覺得自己是不朽的，想要終結跟另一個人的關係，而這個人知道自己終有一死以及痛苦的源頭。在每個人內心深處，都知道我們是不朽的靈魂，只是配備了會死亡的幻覺之身和小我。所有的痛苦來自於將我們虛幻的那一部分當作真的。這時，我們便活在幻覺裡，而不是運用幻覺去做我們在這裡要做的事，以致造成痛苦和匱乏。這種幻覺是非常必要的，是美好的禮物。**要學會善用幻覺，而不是活在幻覺中。**

❦　我是富裕。我是豐盛。我是喜樂。　❦

　　內觀（反省或如實觀察）靜坐，將你的覺知帶到你可以看著潛意識創造想法的層次。你可以觀察你的根本想法。內

觀透過一個稱為觀照的過程，給你「修正」潛意識和小我的機會。內觀也把你帶到超越潛意識的層次。這是妙用無窮的工具。

✿ 我 是 富 裕 。 我 是 豐 盛 。 我 是 喜 樂 。 ✿

你是你的靈，不是你的身體、人格體、情境或任何其他東西。你的靈是永恆的，是一切萬有。你的靈是真的，你是靈。你是真的。真實創造了幻覺，不是反過來。

✿ 我 是 富 裕 。 我 是 豐 盛 。 我 是 喜 樂 。 ✿

靈或靈魂在選擇顯化為地球上的一個人類時，選擇了一個或多個人生目的。人生目的是跟所有的其他靈、跟「一」共同選擇的。祂選擇自己在這個物質界要體驗些什麼。祂使一具身體和心智體驗這些事。現在，祂透過欲望和感受，跟身體和心智溝通。但祂從不逼迫身心接受祂的選擇。身心可以自由選擇要不要體驗這些欲望。往往，因為恐懼或以往的教養，他們選擇不體驗。但欲望沒有消退；而是保留下來，直到得到滿足。當身心不認同靈魂，或跟靈魂唱反調，一個人會體驗到不滿足。**當身、心、靈和諧，創造力是很驚人的，這時「等待」終止了，喜悅的經歷毫無阻礙地發生。**靈魂於是從體驗上認識了自己！隨時隨地，你都可以自由選擇要體

驗什麼。隨時隨地，你的靈魂都在和你溝通，但你可以選擇拒聽，很多人以前也常常拒聽的。

❀ 我 是 富 裕 。 我 是 豐 盛 。 我 是 喜 樂 。 ❀

凡真實的必不受威脅。

——《奇蹟課程》（*A Course in Miracles*）——

❀ 我 是 富 裕 。 我 是 豐 盛 。 我 是 喜 樂 。 ❀

在其餘情況不變之下，一個人或社會的生活愈符合一個有身體、心智、小我的靈魂，沒有被反客為主，愈能富裕和快樂。

現在能給你的最大建議是：**天天靜坐**。你不走向內在，外在會匱乏。靜坐帶你走向內在，去會見你的本我與無限：一。那不可言傳，只能體驗。

現在我們簡單介紹一。

19

一

一切萬有

我是富裕。我是豐盛。我是喜樂。

印度教以不同的方式教導這些道理，佛教以不同的方式教導這些道理，道教以不同的方式教導這些道理，耶穌和穆罕默德也都以不同的方式教導這些道理。今天，量子物理學以不同的方式教導這些道理。**一如每個靈性導師、智者、量子物理學家、宗教，都以各自的方式教導我們都是一體的。帶著這種覺知去行動，我們前進得最快、收穫最豐、痛苦最少。**這不是什麼新概念，但我們常常拒絕聆聽。現在，既然你在追尋富裕和喜悅，或許你會想重看這些內容。

一切都是一，是同一個本體，只是化身成為不同樣貌的個體。也就是說，萬物都是本源、一切萬有、神的定點。任何事物都不可能在本源之外存在，不可能跟本源分離。個體化以及分裂的假象是必要的，這在本我那一章討論過。但這些只有在充當工具使用時才是優良的工具。當我們對這些工具深信不移，把它們當作真相而不視為幻相，它們就會搞破壞，造成不必要的痛苦和無能。

我們非常簡扼先來認識一。一旦你醒悟到、感覺到一，從一的立場行動，你會開始明白自己跟所有你欲求之物已經是一體了，而那些會將富裕帶來給你的所有人事物，跟你也是一體的。你會看出自己是提出要求的人，是傳遞要求的人，是實現要求的人，也是體驗到這項要求顯化的人。因此，你毋需擔憂。你們不屬於同一個整體、各忙各的事的假象，只是為了給你刺激和體驗。這一章會簡短介紹一，在此只提供相關的證據，讓你開始思考它。這不過是讓你展開一

趟只有你能踏上的旅程，因為這趟旅程無法言喻，只能親身體驗。我們都是一體的。

　　你跟本源是一體的，對本源來說凡事都不困難，本源不會拒絕、否定、排斥任何事物。宇宙對你的欲望是友善的。只要你肯相信，沒有不可能的事。

　　　✤　我 是 富 裕 。 我 是 豐 盛 。 我 是 喜 樂 。　✤

　　你不可能永久持有地球上的事物。生命關乎改變，萬變不離一。**所有權是有害的心智狀態，導致你認為自己擁有的東西，反過來擁有你。**再說一遍，在地球上，你認為自己擁有的事物，會反過來擁有你，占據你，帶走你的一部分自由。想想這一點。萬物都是一。既然如此，你怎麼可能擁有一的一部分？你的手能擁有你的腿嗎？你的手可以跟腿玩耍一會兒，卻不能擁有它。同樣的道理適用在你跟眾生之間。當你認為自己擁有什麼，你會追著它跑，以免失去它，這種追逐是徒勞無功的。於是，它擁有你。

　　不如把自己當作事物的管理人，你管理這些事物到該放手為止。不論你喜不喜歡，當大限到了，或者說你的地球生命到了必須進入下一階段的時候，你就得放下所有事物。連你自己的身體遲早也必須脫離現在的形式。因此享受、分享、持有這些事物，但不要認為自己是它們的主人。你可以變成某種事物，卻不能真的擁有什麼。一切都是一，而一永

遠在變。

❀　我 是 富 裕 。 我 是 豐 盛 。 我 是 喜 樂 。　❀

每件人事物都是相連的。所有的生命都是一體的。在喀
布爾發生的事，不論你在哪裡，都會以某種方式影響你。而
你發生的事、你的想法等等會以某種方式影響每個地方的其
他人。因此為了你自己好，在思想、行動、存在狀態都要從
「一體」的立場出發。

❀　我 是 富 裕 。 我 是 豐 盛 。 我 是 喜 樂 。　❀

優劣不是人事物的天生特質。用好壞來看待事物，是愛
批判的弱點。這尤其常變成一個國家的弱點，一個政府認為
自己比其他政府優越，特別是政經制度。這也是社會階級的
弱點。有極大量的戰爭、企業崩毀、社會分裂是「我這一套比
你那一套好」的想法造成的。不和睦的代價昂貴，長期來說
誰都絕對無利可圖。和睦共處是極為有利的。**避免不睦的方
法就是看待周遭每個人時，不把他們視為比你或任何事物好
或糟，而是看作是不一樣的人。**也就是說，一個實體（entity）
的狀態沒有所謂的較好或較差，只有不一樣而已。以這種觀
點對待所有的人事物，態度都和平、有利多了。特別跟比較
好並不一樣。一個實體可以是特別的，但不是特別就比較好。

❀ 我是富裕。我是豐盛。我是喜樂。❀

　　如果你想要永久遵循強大到不可思議的宇宙法則，行事時只要站在「整個宇宙是一體的」的角度即可，體認到看似各自獨立的各個組成分子之間並沒有分離。例如，想知道怎樣對待商業競爭對手對你最有利，將你的競爭對手跟你視為一體來行動。這樣對待你的競爭對手。

❀ 我是富裕。我是豐盛。我是喜樂。❀

　　沒有哪個活在世上的人會無法對這個星球的福祉作出重大貢獻。光是改變你的態度，就能影響你周遭的世界。

　　——蘇珊・傑佛斯（Susan Jeffers）[1] ——

❀ 我是富裕。我是豐盛。我是喜樂。❀

　　盡一己之力確保世界上的人都擁有富裕意識和喜樂，對你最有利。許多思想家和科學家開始指出個人的想法會影響整個世界的想法。個人對於世界上發生的事及世界上的每個人都有責任。古希臘人有一個類似的概念：蓋婭（Gaia）。[2] 世界各地的許多思想家也支持相同的主張，從古希臘的柏

拉圖，到近東及遠東的佛陀。在各個科學領域的現代科學家及思想家也開始研究，指出我們都是相連的。各種科學領域的研究員，包括約翰‧洛夫洛克（John Lovelock）博士、彼得‧羅素（Peter Russell），《地球腦的覺醒》（*The Global Brain Awakens*）、英國生物學家魯伯特‧謝德雷克（Rupert Sheldrake），《生命的新科學》（*A New Science of Life*）、霍華德‧布魯（Howard Bloom），《全球腦》（*Global Brain*）等多人發現這些連結的各種形式。**如果你希望富裕，你獨力就能富裕。但如果你協助世界發展富裕意識，你要致富就會容易很多，富裕的程度也會提高很多。**

❈　我　是　富　裕　。　我　是　豐　盛　。　我　是　喜　樂　。　❈

前文很多地方提到一選擇將自己分化出許多個體的原因如下：由於沒有祂所不是的（That Which Is Not），祂所是的（That Which Is）便不存在了。想想看吧。

❈　我　是　富　裕　。　我　是　豐　盛　。　我　是　喜　樂　。　❈

1. 1938-2012，心理勵志書籍作者，著有《恐懼 Out：想法改變，人生就會跟著變》等書。
2. 希臘神話中的大地女神，是所有神靈和人類的始祖。

犯錯的人如果沒有你們所有人的默許，是犯不了錯的。⋯⋯
你們當中的一個人跌倒時，他是為後人而跌，好警惕後人小
心那會絆倒人的石頭。啊，他這一跌也是為了前人，前人儘
管腳步快捷穩健，卻沒有移開絆腳的石頭。⋯⋯遭到兇殺的
人對於自己遇害並非沒有責任，被打劫的人對自己遇搶並非
全無可議之處。⋯⋯啊，罪人常常是受損害者的受害者。

——紀伯倫——

❁ 我 是 富 裕 。 我 是 豐 盛 。 我 是 喜 樂 。 ❁

　　我們稍微重溫一下量子物理學。我們在前文看到次原子
粒子構成了宇宙實體。我們還看到了這些粒子具備智能。我
們看到了這股純能量具備智能。也有不可思議的特質，例如
可同時存在於兩地，不需跨越兩地之間的空間就能從一地抵
達另一地，可前往過去或未來的時間等等。我們也看到自己
與這些粒子互有關連、互相合作，**因為我們選擇觀察什麼，
什麼就會顯化、會從這片能量池裡冒出來。**好，你覺得這些
能量封包是什麼？純能量是什麼？

　　在我們試著回答以上的問題前，我們先來看看本源、一
切萬有、許多人所說的神。人家說我們是神的孩子，是按照
神的形象和特質創造的，神就是一切萬有。好，我們先回到
神是僅此一家別無分號的唯一存在的時候，即在「創世」之

前。其實，線性時間並不存在，但為了討論起見，姑且想像有那樣的時間線。在這條時間線上，神在創造世界之前就存在了，祂是孤單的。記住，當「祂所不是的」不存在，「祂所是的」等於不存在。在純粹的世界中，只有一存在，沒有其他事物可供一跟自己作比較。因此，一根本不能體驗到自己。為了體驗自己，一必須分裂出二元，也就是相對性的世界。

一將自己分裂之後，就有了「這個」和「那個」，也就是可供體驗存在的二元性。我們把這稱為基本二元（Initial Duality）。白晝可以透過跟黑夜作比較來體驗自己，反之亦然。這一套適用在所有「相反」的二元或個體：男與女、上與下、左與右，而這些二元體的每個個體之下又有較小的二元。比如，一個女人或男人有悲傷或快樂的二元性，諸如此類。即使是快樂也有程度之分，從非常快樂到不太快樂都有，諸如此類。而所有的這些體驗，就是一的體驗。但為了我們現在的討論，我們來看從「一」分出來的基本二元。

現在我們回到能量是什麼的問題上。從一，有了基本二元。現在我們把這個二元稱為靈和反靈（anti-spirit）。順帶一提，量子科學家發現每個次原子粒子都有一個反面存在，例如，一個質子就有一個反質子。但在我們這一部分的宇宙裡沒有反粒子，因為反粒子碰到粒子時會摧毀粒子。科學家對這個主題的說法是宇宙的物質與反物質。

好，有一部分的一，是將自己分裂為無限多個小部分（小

小的靈）的靈。在這一部分的一，量子物理學家也看到儘管他們將次原子粒子稱為粒子，它其實不是一個「東西」，而是其他東西的基礎建材。儘管次原子粒子具備類似波的行為跟類似粒子的行為，但沒有真的跑來跑去的粒子，也沒有真的在波動的波。你看不到次原子「粒子」。你只能計算並體驗它。次原子粒子的行為跟靈一樣。怎麼會這樣呢？現在你看出純能量是什麼了嗎？就是靈。在這部分的宇宙裡，萬物都是能量。能量是物質，而兩者是同一回事（E=mc2）。靈是能量。據此，靈是物質。你瞧，並沒有界定邊界與分離的明確界線。一切萬有其實就是一。個體化並不是分離。不妨將個體化想成是劃分成許多個層面，不要看作是分離成許多個獨立的事物。把這個世界想成是同一個「一」的不同層面或面向，而非獨立的事物。

由於萬物都是二元的，宇宙也有另一部分，也就是由反物質構成的反宇宙。但那是截然不同的主題。重點在於你現在可以追溯到宇宙的源頭，可以解釋宇宙以及宇宙跟靈、跟萬物的關連。現在你記起了自己的真實身分，我們的真實身分，以及你我為什麼在世上做這許多事。你現在也知道本源是什麼，你就是本源。這是錯綜複雜的主題，你不必全懂。知道真相就夠了。你不需要詳細解釋。

❀ 我是富裕。我是豐盛。我是喜樂。❀

在其餘情況不變之下，一個人或社會愈能合而為一體，愈能富裕和快樂。

再一次，現在能給你的最佳建議如下：天天靜坐。不久之後，也許在第一次靜坐，也許在之後的靜坐，你將會體驗到那種一體感，保證你會為之讚嘆！這不能言傳，只能體驗。這趟旅程你只能隻身上路。**靜坐會帶你去會見你的本我與無限。這沒辦法解釋，只能體驗。**

好，既然你與本源和一切萬有是一體的，猜猜你還是什麼？你的本質就是豐盛！

讓我們來看看你的豐盛。

20

豐盛——

你擁有一切

❀

我是富裕。我是豐盛。我是喜樂。

❀

你看到了自己和本源是一體的，跟一切萬有是一體的，這令你豐盛。你也看到了怎樣只用想法、存在狀態、言語、行動，就從量子場創造出實相。你還看到了只要你相信並作出一致的選擇、保持明晰，一切都有可能達成。這一切都令你豐盛。在你的較高層次，你與生俱來就是永久豐盛的，沒有一定要怎樣做才能豐盛，除了豐盛，你不可能是別的。

我們來看看這種豐盛的各種特質，以及如何使豐盛顯化在你的生活中。你跟一切萬有是一體的。

花錢要開心、愉悅、興奮。不論購物或付帳單，都要開開心心地付錢。金錢會逃離覺得錢不夠的人跟對使用金錢有負面觀感的人。

❈ 我 是 富 裕 。 我 是 豐 盛 。 我 是 喜 樂 。 ❈

大自然有能力將你的欲求之物全部給你，同時自己沒有一分一毫的損失。匱乏不是真的，只有在我們選擇看見匱乏之處，匱乏才會出現在那裡。

❈ 我 是 富 裕 。 我 是 豐 盛 。 我 是 喜 樂 。 ❈

萬物的本源所具有的創造力和能力絕對是取之不盡的。按照現有已創造事物的數量，再多創造個一百萬倍也不成問題。供給是無限的。

❀ 我 是 富 裕 。 我 是 豐 盛 。 我 是 喜 樂 。 ❀

　　匱乏的想法會帶走你生活中的豐盛，將匱乏顯化在物質世界裡。**要避免匱乏，就去除所有競爭的想法，要選擇開創。**競爭是向宇宙聲明你相信自己的生存岌岌可危、資源不足。欺騙、壓榨、操縱、占便宜、付錢時不公道、覬覦別人的財產、嫉妒之類的想法也一樣。這些想法只創造了不富裕意識，導致匱乏。在這種狀態下，你可以暫時致富，卻不能全面發揮你富裕的潛力，而且說真的，你說不定甚至會有落魄的一天。

❀ 我 是 富 裕 。 我 是 豐 盛 。 我 是 喜 樂 。 ❀

絕不要著眼在肉眼可見的供給。
永遠放眼在無形物質所蘊含的無限富裕，
要知道富裕上門的速度，
跟你能接收、運用富裕的速度是一樣的。
誰都沒辦法藉由壟斷肉眼可見的供給，
阻擋你得到屬於你的富裕。

——華勒思・Ｄ・華特斯——

❀ 我是富裕。我是豐盛。我是喜樂。❀

你是依據本源、神的形象和特質而創造的。豐盛和富足是你的自然狀態。在你心的最深，已經知道事實如此。你只要記住這一點，好體驗自己的真貌。

❀ 我是富裕。我是豐盛。我是喜樂。❀

宇宙蘊含的生意和富裕足以供應每個人還綽綽有餘，而且剩非常多。**人窮不是因為大自然很貧瘠，而是因為他們的富裕意識很貧瘠。**即使活上幾十億輩子，你都不可能用完生命給你的富裕，更別提才一輩子。你「**沒能**」接收到這份富裕，是因為你自己的想法、用語、行動，**最主要的因素是你選擇的存在狀態──你的「我是」聲明，以及你對自己的真實看法。**一個人因為競爭或其他類似因素而無法建立富裕的想法，是假象。所謂的競爭和負面狀況，是相信匱乏的人創造出來的。那些問題會以最神奇的方式降臨在這些人身上，以實現他們自己設定的限制。

❀ 我是富裕。我是豐盛。我是喜樂。❀

豐盛、富足、財富是你與生俱來的權利。

✿　我　是　富　裕　。　我　是　豐　盛　。　我　是　喜　樂　。✿

貧窮違反了宇宙法則。根據宇宙的法則和設定，貧窮在這個宇宙裡並不是自然的現象，是異常。

✿　我　是　富　裕　。　我　是　豐　盛　。　我　是　喜　樂　。✿

別把錢不夠的想法掛在嘴上、放在心裡，那是會把錢嚇跑的。

✿　我　是　富　裕　。　我　是　豐　盛　。　我　是　喜　樂　。✿

能創造價值的材料和能量多到你想像不到，隨時都準備好供你自由取用。

✿　我　是　富　裕　。　我　是　豐　盛　。　我　是　喜　樂　。✿

不要操縱人事物。那是競爭的想法。創造的思維才有效率，而且符合豐盛的本質。競爭的思維會使你從應該抵制的匱乏立場來思考，於是你得到匱乏。你怎麼會想創造匱乏呢？

✿　我　是　富　裕　。　我　是　豐　盛　。　我　是　喜　樂　。✿

經濟學教導我們資源有限。那完全不是真的！經濟學是在人類相信匱乏的年代「發明」的。這種信念導致世界匱乏，延續匱乏的假象，進而實現經濟學家的預言。經濟學是從觀察得出的結論，完全忽略了第一起因、靈和存在狀態。我們現在才開始看出某些資源是源源不絕的。例如，軟體、音樂或其他下載的數位內容或廣播都是絕不會有用完的一日。你要怎要用完下載的軟體？不論你下載多少份，每個人都可下載的原版仍然會在那裡。一份就能複製出需要的數量，創造者並不需要花費額外的金錢。我們很快就透過親身體驗得知，若是有心人夠多，不出幾年，我們就能把整個地球的森林重新種回來，創造「新」水，或做到任何事。**別相信匱乏的經濟學。否則，那將成為你的實相，一個自我實現匱乏的預言。**

　　經濟學是在貧苦的年代發展出來的，所以沒能把這套新的量子經濟學套用到今天的商業和計算。不信的話，看一下歷史。人類一度確信世界是平的，當年所有的「證據」都印證他們的想法。然後他們相信太陽繞著地球轉，他們當時的所有「證據」都印證他們的想法。但我們現在知道地球繞著太陽轉。但我們真的知道嗎？也就是說，不論我們把什麼當真，什麼就會成真，即使那未必是終極真相（Ultimate Truth）。當我們開始質疑，我們揭發了更接近終極真相而更「正確」的真相。總是有揭露更多真相的餘裕，你不能說你目前的答案就是終極真相。我們有限的心智無力理解終極真相的全貌，

終極真相是無限的。我們只能一次看到一些小片段。

　　絕不要停止學習。永遠對你現在知道的事物謙卑，你便會知道更多。科學家現在才發現這個宇宙不是四維，而是多維的，就像一幅全像圖。我們的感官才是四維（長、寬、高、時間）的。你的本我是多維的，但對多數人來說，他們物質界的感官能力是四維的。**宇宙本身是多維的，所以全部的可能性可以同時存在**。仔細思考這一點。匱乏並不是實情，而是對全像宇宙其中一面的觀感。**你隨時都可以選擇自己要觀察的那一面，經由選擇你想相信的事，認定那是無可置疑的真相，你就能體驗到那些事**。

🍀　　我 是 富 裕 。 我 是 豐 盛 。 我 是 喜 樂 。 🍀

　　供應是無限的。如果你沒有自己想要的事物，要知道問題出在你的想法，而不是宇宙。老實地承認自己要負全責，作出修正。但絕不要有匱乏或短少的言論或想法，因為就是這種想法造成了匱乏和短少。

🍀　　我 是 富 裕 。 我 是 豐 盛 。 我 是 喜 樂 。 🍀

　　破產是暫時的。但貧窮是心智狀態，是心智的疾病，比較持久。但一切都是可以克服的。

❀ 我是富裕。我是豐盛。我是喜樂。❀

多少才夠？考慮到供給無限的事實，充足大概是指可以讓你過上你想要的生活的分量，不論你工作與否。接著，你可以選擇何時遊樂、何時工作，但不是因為你需要錢。於是，限制與需求就遠離了你，讓你可以探索生命中金錢以外的其他層面。

❀ 我是富裕。我是豐盛。我是喜樂。❀

宇宙裡只有豐盛，接收這份豐盛的方法是分享，而不是占有。

❀ 我是富裕。我是豐盛。我是喜樂。❀

競爭是不必要的。那是在宣告匱乏，匱乏是謬論。

❀ 我是富裕。我是豐盛。我是喜樂。❀

商業競爭是匱乏的聲明，會招致匱乏。創造是豐盛的聲明，是自然狀態。從競爭轉為開創性的思維，瞧瞧這會給你帶來什麼收穫。

✤ 我 是 富 裕 。 我 是 豐 盛 。 我 是 喜 樂 。 ✤

　　這是豐盛的宇宙。沒人會「占走你的份」或「搶走你的份」。資源夠每個人使用還綽綽有餘。唯一會出現不足的時候，你唯一會「被別人搶先一步」的時候，是當你抱持競爭的思維和行動的時候，你沒有從開創的角度思考和行動、信任本源豐盛的本質。

　　競爭的想法和行動會使你難以正確地遵循宇宙法則，特別是因果律、將心智的畫面展現在外的過程、篤定與信心的威力。開創和非競爭性的思維，協助你遵守這些宇宙法則和過程。

✤ 我 是 富 裕 。 我 是 豐 盛 。 我 是 喜 樂 。 ✤

大地為你結出果實，
只要你知道怎樣填滿你的雙手，你就不虞匱乏。
跟人交換大地的這些禮物時，
你們會得到豐盛和滿足。
但除非交換時秉持愛和仁慈的公道，
否則會導致有的人變貪婪，有的人飢餓。

——紀伯倫——

❀ 我是富裕。我是豐盛。我是喜樂。❀

祂從豐盛中取出豐盛，豐盛依然豐盛。

——《奧義書》——

❀ 我是富裕。我是豐盛。我是喜樂。❀

在其餘情況不變之下，一個人或社會的生活愈能看見並相信豐盛，依據豐盛行事，愈能富裕和快樂。

再說一遍，要靜坐。這是讓你從體驗中得知自己有多豐盛的最快辦法。這些比較高階的概念不能言傳，光憑腦袋沒辦法全面理解，只能透過體驗。你可以用言語之類的符號談論這些概念，但唯有親身經歷才能讓你徹底了解、知道。你只需要走向內在，靜坐吧，所有你需要的體驗就在那裡。有一天，也許在你的第一次靜坐，也許在之後的靜坐，這絕對會發生。這便是佛陀說的開悟，醒悟到一體。

如果沒有喜樂，活著就沒有意義，因為生命即喜悅，喜悅即生命。但快樂是什麼？快樂怎麼變成你呢？

21

快樂——

生命即喜樂，喜樂即生命

我是富裕。我是豐盛。我是喜樂。

生命的核心本質是喜樂。喜樂是構成生命的材料，反之亦然。這是萬物的天然狀態。凡是有生命的事物（萬物都有生命），喜樂都是其天然狀態。我們誕生時就是這個樣子，天生自然就能以無憂無慮的狂熱和喜樂生活。你可以重拾那份天性，予以擴展。

適用於富裕的宇宙法則，也適用於快樂。這些宇宙法則在前面的章節談了很多。

將這些法則套用到快樂之上，就跟富裕一樣。尤其是因果律。**你想要快樂，就讓另一個人快樂。**關於快樂，情境的限制也是假象。**你不是因為特定的情境才快樂；是因為你快樂，快樂的情境才出現。**快樂的想法和畫面也帶來快樂的外在事件和情境。還要記住，舉手投足要活像你很快樂，凡事感恩，即使你還沒體驗到快樂。記得保持超然。記住最重要的一點：**外在世界會建構自己，來呼應你的內在世界。如果你在外在世界不快樂，找找你內在哪裡不痛快，然後選擇開心起來。愛自己，世界便會愛你。你滿意自己，世界就會喜歡你、滿意你。**

這些要怎麼辦到？去做就好了，現在就做。不要複雜化；這很簡單。現在就決定你要滿意自己並且愛自己。

快樂是一個決定。現在就決定你要快樂的狀態，其餘一切就會跟上你的變化。

❀ 我 是 富 裕 。 我 是 豐 盛 。 我 是 喜 樂 。 ❀

快樂是一連串不抗拒的時刻。你抗拒一個時刻，你就不會開心。還有，你抗拒的事物會持續下去；你接納並攤在自己光明之下的事物將會揭露自己，並放你走。**無條件的愛、接納、超然、包容，這些都通往快樂。**

❀　我是富裕。我是豐盛。我是喜樂。❀

　　悲與喜是同一件事的不同等級，只是看似兩回事罷了。冷熱其實不過是稱為溫度的那樣東西的不同等級。當你表達了自己和自己的欲望，你感到喜樂。沒有的話，你感到悲傷。

❀　我是富裕。我是豐盛。我是喜樂。❀

　　順從你的欲望。

❀　我是富裕。我是豐盛。我是喜樂。❀

　　有人說快樂來自你主動促成自己想要的事物發生，不等待情勢自行轉變、好事掉到你頭上。

❀　我是富裕。我是豐盛。我是喜樂。❀

　　平衡你的身、心、靈。失衡的話，你可能會不快樂。撥

出時間做跟身、心、靈這三個層面有關的事。身體要照顧，跟身體愉快地相處，享受它，使用它，要運動，給身體良好的飲食、休養。心智要持續用新的知識灌溉，要用大腦，周全而審慎地思考，讓心智能安歇。對於靈，去了解它、操練它，靜坐、跟靈連結。對這三者，都要聆聽它們的聲音，遵從它們告訴你的話，愛它們。

❀　我 是 富 裕 。 我 是 豐 盛 。 我 是 喜 樂 。　❀

喜樂是你的真實本質。靈魂的另一種說法就是喜樂。

靈魂等於喜樂等於自由等於靈魂。欠缺喜樂，就是沒有讓靈魂展現自己。

❀　我 是 富 裕 。 我 是 豐 盛 。 我 是 喜 樂 。　❀

保護並滋養環境、大自然。不論是你周遭的環境或世界，做好分內事，然後再多做一點。環境的健康影響你本我的健康，本我的健康則影響本我的喜樂。環境的優美舒適也會影響你的喜樂。構成你環境的萬物的喜樂與和諧，同樣會影響你的喜樂與和諧。一切都是相連的。

❀　我 是 富 裕 。 我 是 豐 盛 。 我 是 喜 樂 。　❀

愛、歡笑、分享、熱忱、樂觀、暢快自在，這些都令一個人快樂。選擇成為這些特質，你就會快樂。選擇從今以後，你要成為這些特質吧。

❀　我 是 富 裕 。 我 是 豐 盛 。 我 是 喜 樂 。 ❀

　　從每件事物找出幽默之處。每件事都有幽默之處，即使是最「嚴肅」的事。試試看。一開始，可能不容易發現幽默之處，在你習慣後，這很快就會變成你的第二天性。這能帶給你解脫。

❀　我 是 富 裕 。 我 是 豐 盛 。 我 是 喜 樂 。 ❀

　　快樂不是來自情境或事件，每個事件都只是它自己，就是一個事件。你選擇在經歷這件事時快樂或不快樂 。

❀　我 是 富 裕 。 我 是 豐 盛 。 我 是 喜 樂 。 ❀

遇到事情時，選擇能令你快樂的回應方式。

❀　我 是 富 裕 。 我 是 豐 盛 。 我 是 喜 樂 。 ❀

快樂來自創造，而非反應。

❀　我　是　富　裕　。　我　是　豐　盛　。　我　是　喜　樂　。　❀

快樂來自真誠地觀察自己的內在和外在環境。快樂來自誠實地對待自己和你外在的一切。真相，真的會給你自由。

❀　我　是　富　裕　。　我　是　豐　盛　。　我　是　喜　樂　。　❀

選擇快樂起來。你不等於你的情況，那是強而有力的假象。你的情況就是你，這，倒是真的。試著了解這一點。當你改變自己，你就改變了你的情況。

❀　我　是　富　裕　。　我　是　豐　盛　。　我　是　喜　樂　。　❀

選擇喜歡自己、愛自己。大喊幾遍：「我愛自己！」，要有說服力！只管作這個決定，就在現在。不要複雜化。這是很簡單的選擇。萬一你有不喜歡自己的地方怎麼辦？開始喜歡它，然後改變它。瞧，你抗拒的事物絕不會放過你。要是有人叫你不要想紅色，你就會想著紅色。不論你不喜歡自己什麼事，停止抗拒。接受它，攤在你的光明下，愛它，超然而平靜地審視它。跟它一起微笑，友善地對待它。然後它會向你揭露自己的祕密，然後放你走。但你必須持續選擇隨時都能全心地喜歡自己。

這表示你要開始省思你對自己的想法。每次你對自己

浮現負面的念頭，立刻終止它，改成正向思考。**思考時要鄭重。**你會變得跟自己最常想的思緒相同。如果你對自己經常有不慈愛的想法，你會變得沒人愛。你跟別人都會沒辦法愛你。這很簡單。慎重地作選擇，你這些選擇有多麼明確、一致、充有信心，完全由你掌控。如果你老是想著自己很醜、沒人要、不能做這做那，你就會變成那樣。宇宙會集結力量來實現你對自己抱持的強烈想法。於是，出現使這些想法實現的情況。**改變你的心智，你就改變自己的世界。**選擇要慎重。

✿ 我 是 富 裕 。 我 是 豐 盛 。 我 是 喜 樂 。 ✿

　　活在此時此地。就像在《哈利波特：神祕的魔法石》（*Harry Potter and the Philosopher's Stone*）中，校長阿不思·鄧不利多勸告哈利·波特：「停駐在夢想中而忘了生活，是行不通的。」哈利發現一面魔法鏡子意若思鏡，根據鄧不利多的說法，這鏡子揭露：「我們內心最深處、最渴切的欲望……但不會給人知識或真相。」鄧不利多接著告誡哈利不要用它，儘管整天夢想著那些願望很爽快，那卻不是在好好生活。**好好生活是允許生命表達自己，喜樂便隨著表達而來。可以做夢，但要活在此刻、此地，因為唯有在此刻、此地你才能生活。**鄧不利多接著解釋最快樂的人照這面鏡子時，只會看到自己，一個跟此時、此地一模一樣的自己。想想這一點。

❀　我是富裕。我是豐盛。我是喜樂。❀

有句老話是這麼說的：「你笑，世界就跟著你笑，但你哭的時候，只有你一個人在哭。」別哭了，開始笑。

❀　我是富裕。我是豐盛。我是喜樂。❀

保持簡單。

❀　我是富裕。我是豐盛。我是喜樂。❀

要有熱忱，活得熱情。怎麼做？選擇這樣做。去做就對了。

❀　我是富裕。我是豐盛。我是喜樂。❀

改變你的心智。開始看見事物實際上多麼美好，你便會得到喜樂。著眼在光明，就絕不會看見黑暗。改變你的心智，扭轉你認為自己看見了什麼的想法。你可以在同一件事物上看見快樂的畫面，而不是不愉快的畫面。從萬事萬物看見美好，看見魔法。快樂的人就是這樣。

❀　我是富裕。我是豐盛。我是喜樂。❀

當我們允許自己體認到一切實際上有多棒，
喜樂便會降臨在我們身上。

——瑪莉安·威廉森（Marianne Williamson）[1] ——

❀ 我 是 富 裕 。 我 是 豐 盛 。 我 是 喜 樂 。 ❀

培養你跟人的關係。根據統計學以及很顯然的事實，快樂的人跟親朋好友的關係是健康而快樂的。愛是強大的力量。要友善，展現無條件的愛，你將會交到朋友，擁有許多美好的人際關係。話雖如此，你必須永遠記住，你不需要任何外物，就能夠快樂。別變成必須仰賴別人才快樂的人。那是一種癮頭，也是虛假的，更別提對別人施加的不公平壓力，最後只會令人快快不樂。

愛自己，體認到你對別人的愛必須是無條件的、自由的。要友善。保留你選擇的自由。任何不容許你自由作選擇的關係，都是會造成不快樂的不健康關係。穩定、公平、自由、關愛的關係，在所有層面上都會帶來快樂。想一想吧。你不會因為任何原因，虧欠任何人任何東西，永遠不會。你為人做的每件事都是送給他們的禮物。反之亦然。一旦你深深明白這句話，你就明白無條件的愛，這種愛對別人不會企求什麼，也不會逼人接受你的付出。在無條件的愛裡，一切存在的事物都是愉快而自然收受的禮物。

❀ 我是富裕。我是豐盛。我是喜樂。❀

喜樂隨著愛而來。什麼是愛？愛不是約束，而是自由，是解放者，不是約束者。

愛是自由表達，不是限制。有真愛，事物會照著原貌欣欣向榮。原貌就是完美。

❀ 我是富裕。我是豐盛。我是喜樂。❀

斟滿彼此的杯子，但不是從一個杯子裡啜飲。

——紀伯倫——

❀ 我是富裕。我是豐盛。我是喜樂。❀

片刻都不要想著你多麼不快樂，或是這個那個令你不快樂。記住，你會變得跟你最常想的思維一樣。

❀ 我是富裕。我是豐盛。我是喜樂。❀

---

1. 美國著名心靈導師，著有《愛的祈禱課程》、《愛的奇蹟課程》等書。

你愈不批判，就愈快樂。你愈寬容，就愈快樂。

❀ 我是富裕。我是豐盛。我是喜樂。❀

珍惜並滋養你的自由，也釋放別人自由。為自己和別人實踐無條件的愛。自由與愛，都是開啟快樂的鑰匙。別限縮自己或別人的自由。真實且無條件的自由和愛，是滋養創意、信任、成長、靈的表達，進而帶來喜樂的火焰。了解無條件的愛與自由的本質，這很重要。充滿條件限制的愛和自由違反宇宙唯一的常數：變化。每一刻，事物都在改變。改變是成長。有條件的愛抗拒變化，愛的是一個想法，而不是一個人。

那是在愛一個以前的已知時刻，而非未知的未來時刻。他們深深懼怕有朝一日這些條件會被打破。這種恐懼會把恐懼的事吸引來。我們今天的世界到處都看得到證據。

最後但很重要的一點是，有條件的愛和有條件的自由，會消弭你在任何事件中都選擇快樂的力量。**快樂是一個選擇。明白這一點的人可以喜樂地面對任何情況。**設定條件令你較難辦到這一點。想要快樂，就開始了解並實踐無條件的愛和自由。樂觀其成地看著別人自己選擇成長、進而成長，不是由你挑選他們去成長。開始享受未來的未知時刻，停止攀附著已知的過去時刻。開始創造，停止反應。

❀ 我是富裕。我是豐盛。我是喜樂。❀

要緊的不是你做了多少，
而是你在做的時候、跟人分享的時候，
灌注了多少愛在裡面。
少論斷別人。論斷別人，就不是付出愛。

——德蕾莎修女——

❀ 我是富裕。我是豐盛。我是喜樂。❀

付出，付出，付出。付出是另一把開啟快樂的強大鑰匙。

❀ 我是富裕。我是豐盛。我是喜樂。❀

無條件地給予一個人在當下需要的東西，不論那是什麼。
重點是做點什麼，再小的事都行，
藉由花時間做點什麼的行為，表達你的關心。

——德蕾莎修女——

❄ 我 是 富 裕 。 我 是 豐 盛 。 我 是 喜 樂 。 ❄

當你施予自己的財物，你只施予了一點點。
當你奉獻自己，那才是真正的施予。

——紀伯倫

❄ 我 是 富 裕 。 我 是 豐 盛 。 我 是 喜 樂 。 ❄

　　變得富裕快樂的一個妙法是天天靜坐。靜坐讓你接觸
自己的高我，本書講述的道理將會變成你，成為你的親身體
驗，融入你身體的每個細胞。這些道理不再是理論的論述，
因為道理就是你。你不用再吃力地實踐並記住這些道理，因
為道理就是你。開始靜坐，要不了多久，這會發生在你身
上。在此推薦的靜坐法門是內觀（如實觀察／內省）。

❄ 我 是 富 裕 。 我 是 豐 盛 。 我 是 喜 樂 。 ❄

　　散播你的喜樂，令別人開心，這份喜樂將會變成七倍再
回來。

❄ 我 是 富 裕 。 我 是 豐 盛 。 我 是 喜 樂 。 ❄

不論你希望別人認同你什麼、在你身上看見什麼，先認同別人，從他們身上看見同樣的事。

❀ 我 是 富 裕 。 我 是 豐 盛 。 我 是 喜 樂 。 ❀

天天讚美別人。找點什麼來讚美。讚美要真心。

❀ 我 是 富 裕 。 我 是 豐 盛 。 我 是 喜 樂 。 ❀

想想這個。在終極實相中，沒有對錯，沒有應不應該。沒有意外、巧合、好運、惡運，所有的事件都是始終如一、永不出錯的宇宙法則的完美結果。由於我們作了選擇、設定了目標，以致我們在追求這個目標或選擇時，使一件事有了對錯、好壞。例如，殺戮是宇宙法則的完美結果，而且，本身不是錯的。但如果基於社會風氣，我們想要倡導和平、快樂、繁榮，殺戮就是錯的。我們的選擇導致一件事有了對錯之分。

但單純就事論事，不摻雜我們的選擇的話，那一件事物就只是宇宙法則的完美結果。

也想想這個。世事變化不定，這包括社會認可跟不認可的事物。即使是現在社會看似認同的行為模式，以前也曾經是不被認可的，有朝一日又將變成不被認可的行為。反之亦然。同時，在這裡能接受的事物，在別的地方或別的時空未

必會得到認同。從全球、種族、性別、經濟狀態、年齡量表來思考這件事。然後問自己為什麼。

也想一想這個。你愈能自己作主，而不是接受別人替你作的決定，你將會快樂、成長、自由。

什麼是「應該」？什麼是「可以」？為什麼？你是誰？為什麼？這些都想一想。

超然地思考。如實地觀察這些事。你會從答案中找到解脫、力量、愛、快樂。你愈能以自己的真相為依歸，不在乎別人的真相，決定自己經歷了什麼生命事件，你愈快樂。

❇ 我 是 富 裕 。 我 是 豐 盛 。 我 是 喜 樂 。 ❇

你透過付出愛來學會愛。做到就是了。除非你複雜化，否則事情並不複雜。別把事情複雜化。

❇ 我 是 富 裕 。 我 是 豐 盛 。 我 是 喜 樂 。 ❇

開始快樂，一刻都不必等。多棒啊！就在現在，就在這裡，你就能作這個決定。

你不需要任何外在事物就能快樂、富裕，那都在你的內在。外在只會呼應你的內在，好讓你實際體驗你的內在狀態。

❇ 我 是 富 裕 。 我 是 豐 盛 。 我 是 喜 樂 。 ❇

真相是，

快樂的人愈來愈快樂，因爲他們懂得怎樣快樂，

苦惱的人愈來愈苦惱，

因爲他們將全部的生命力都傾注到他們的苦惱中。

—— 蘇珊・佩吉（Susan Page）[2] ——

❀ 我 是 富 裕 。 我 是 豐 盛 。 我 是 喜 樂 。 ❀

要記住覺得缺了什麼的危險。永遠不要覺得自己缺了快樂或其他事物。感覺自己處於欠缺狀態，是永久欠缺的狀態，也是宣告你缺了東西。與其這樣，欲求那件事物，超然地意圖擁有那件事物。

❀ 我 是 富 裕 。 我 是 豐 盛 。 我 是 喜 樂 。 ❀

你給出愈多愛，得到的愛愈多。

❀ 我 是 富 裕 。 我 是 豐 盛 。 我 是 喜 樂 。 ❀

---

2. 美國兩性書籍作者，其名作為《如果我不錯為何還單身？》（*If I'm so Wonderful Why Am I Still Single?*）。

喜樂是摘除面具的哀愁……

喜樂時，望向內心深處，

你會發現只有曾經令你哀愁的事物正在給你喜樂。

哀愁時，再次望向你的內心，

你會看到真相是你正在為曾經令你歡快的事物哭泣。

——紀伯倫——

❀ 我 是 富 裕 。 我 是 豐 盛 。 我 是 喜 樂 。 ❀

不要抱怨，不向自己或別人抱怨。那有什麼好處？只會強調負面、造成負面而已。

❀ 我 是 富 裕 。 我 是 豐 盛 。 我 是 喜 樂 。 ❀

笑吧。只管笑吧。試試看；這會讓你快樂。笑吧，因為你知道生命如何運作。因為你知道這個大祕密。

❀ 我 是 富 裕 。 我 是 豐 盛 。 我 是 喜 樂 。 ❀

真正的喜樂來自內在，來自存在狀態。愉悅和痛苦來自外在，來自你之外的事物。喜樂永遠不會變成其他東西。喜樂是靈、存在的本質。不受外物影響。**一旦你臨在當下，覺**

知本我，跟本我搭上線，喜樂會遍及你內在的每個角落，而且永不止息。不會停，也停不了，但你可能因為沒有活在此地此刻、全然臨在，而看不到喜樂。喜樂是永恆狀態，處於當下。喜樂不在過去和未來，那是不存在的「時間」，只存在於心智裡。

話說回來，愉悅和痛苦是外在的，也是互補的。給你愉悅的事物也是給你痛苦的事物。想想看吧。當令你愉悅的外在事物不在了，不論那是什麼，你都感到痛苦，沒有得到它的痛苦。同一件事物給了你愉悅和痛苦。給你帶來痛苦的事物不在了，你感到愉悅。同一件事物給了你苦和樂。所有的外在事物都是如此，所以人常常覺得不滿足。但一旦你接觸到自己的本我、活在當下，真實的喜樂便浮到表層，而且絕不會變成痛苦。之後，你無入而不自得，連最「苦」的事也不能令你痛苦，你會讚嘆全部的生命。喜樂是本體，本體是如是、是當下。之後，你會跟萬事萬物和睦共存，不抗拒當下這一刻，而是透過真正的選擇，強而有力地創造你之後的每一刻。

抗拒如是沒有用。抗拒現在很痛苦。你指望從抗拒當下的現實得到什麼？你不能一筆勾銷現狀。又何必麻煩呢？但當你接觸到你的本我，感受到喜樂，你就不需要用道理來說服自己停止抗拒當下。你會自然而然愛上萬事萬物。

為什麼同一件事物令你痛苦也令你快樂？因為你的心智沒有活在當下這一刻。例如，如果你喜歡某件帶給你快樂的

事物，你有它的時候就開心（除非你擔心失去它）。沒有它的時候，你讓心智逃離當下，逃到過去和未來，你思來想去，於是你開始有了「問題」。你迷失在這樣的思緒裡：「我有那個東西的時候真的很開心，要是我現在有那個東西該有多棒啊。我期待下次擁有它的時候。我不高興現在沒有它。」你這樣想，就全然錯過了當下的喜樂、當下的現實。而在當下、如是、過去與未來之間的「缺口」只存在於你的心智中，造成痛苦、焦慮、不滿。

喜樂永遠只發生在當下這一刻，永遠都在，但你可以選擇不要看到喜樂。當你脫離心智，沒有心智，你就是本體、當下，與其餘萬事萬物和睦共存，就在現在。這種狀態是享受當下的最佳狀態，創造隨後的當下的力量也最強大，沒有憂慮、焦慮和負面。你的心智是工具，你應該動用心智，意圖創造你的下一個當下。這種意圖是極快又超然的想法，應該不時想一下，每次不要超過幾秒。如果你運用心智在腦子裡翻來覆去想著過去和未來，你做的只是活在過去、擔憂未來、失去當下的喜樂。總之，這不是創造未來的好辦法。所有的問題都只存在於心智，無法存在於當下。在當下，你總會平安度過。你沒辦法在當下失敗。不是現在起的兩秒後，或五小時後，而是就在當下。**所有的問題都存在於當下之外，在你的心智裡；問題是在你不正確地使用心智時才會出現。**

❋ 我是富裕。我是豐盛。我是喜樂。❋

在其餘情況不變之下，一個人或社會愈能付出無條件的愛，令彼此快樂，活在當下，愈能富裕和快樂。

記住，生命是歡慶，喜樂可促進歡慶。喜樂就是靈用自己喜歡和想要的方式，表達自己。抒發你的靈，讓別人抒發他們的靈！

好，我們從金錢破題，一路談到較大的議題，現在我們應該回到金錢的主題了。

金錢不是真實的東西，只象徵了我們內在那份真正的富裕。目前為止，我們討論過真實事物的構成成分。即使金錢不是真的，我們仍然需要知道如何運用金錢。這是周而復始的循環，周而復始。金錢是構成富裕意識的許多其他事物的終點，卻是以物質財富來體驗富裕意識的起點。

金錢是富裕的象徵，也是體驗富裕的起點，好讓我們從親身經歷明白富裕的滋味。**金錢有兩個用途：允許我們交換各自的禮物，也允許我們體驗富裕。**經由這個經驗，我們可以增加富裕意識，對富裕意識的熱愛更加高漲。富裕意識招徠富裕與金錢，而這又招徠富裕意識，循環不息，周而復始。因此，我們回頭看金錢。

金錢——

如何使用這個象徵

22

我是富裕。我是豐盛。我是喜樂。

下面的內容值得重複，因為重複帶來內化。金錢不是真實的東西，只象徵了我們內在那份真正的富裕。目前為止，我們討論過真實事物的構成成分。即使金錢不是真的，我們仍然需要知道如何運用金錢。這是周而復始的循環，周而復始。**金錢是構成富裕意識的許多其他事物的終點，卻是以物質財富來體驗富裕意識的起點。**金錢是富裕的象徵，也是體驗富裕的起點，好讓我們從親身經歷明白富裕的滋味。金錢有兩個用途：允許我們交換各自的禮物，也允許我們體驗富裕。經由這個經驗，我們可以增加富裕意識，對富裕意識的熱愛更加高漲。富裕意識招徠富裕與金錢，而這又招徠富裕意識，循環不息。周而復始，周而復始。

　　我們花點時間來談金錢。

　　別對金錢感到羞恥。言談舉止不要活像以金錢為恥。如果你想要富有，隱藏金錢、在處理金錢事務時把錢當成髒東西、對金錢不老實等這類心態和行為，都是對你不利的言行。不是要你開始誇耀，只是呼籲你對自己在金錢事務的各個面向都要真心實意。對金錢及金錢事務必誠正。造成你對金錢及金錢相關事務不規矩的事或因此而來的事物，最後會損害你的富裕。

❀　我 是 富 裕 。 我 是 豐 盛 。 我 是 喜 樂 。❀

我愛錢，錢愛我！熱情洋溢地不時反覆大喊這句話，直

到有朝一日完全消除你對金錢的譏諷、罪惡感、恐懼。

❀ 我 是 富 裕 。 我 是 豐 盛 。 我 是 喜 樂 。 ❀

當你的物質愈來愈富足，可以視你的居住地點，採取最符合你利益的作法，或許是聘請國外的專家管理你的事務，作出對你最安全、最有利的財務規劃和處置。境外法域的信託基金和控股公司這類的投資工具，讓富人可以擁有幾代的祥寧和持續的興盛。記住，目前，我們確實需要政府，我們必須繳納合理的稅金來維持政府運作。有政府對我們有利。但設立政府的初衷是公平地為民服務，當政府做不到的時候，就會變成你最大的障礙和壓力來源。因為政府是由會犯錯的人類主持的，有時政府會壓迫人，而不是增益。有時政府會浪費，而不是創造。政府有時會制定不公不義的法律，即使那只對部分人口不公。因此，為了你好，在非常早期就這樣安排你的財務，好讓自己既在政府的管制內也在管制外，不要完全待在政府的管制下。

這種自由有時是提高財富的關鍵。有時甚至可以讓你免於失去財富。這裡請你向境外發展，不是叫你追求貪婪跟無政府狀態，而是追求自由和公義。如果你不能確定政府會隨時都公正地對待你，你就應該確保自己可以在受到不公平對待時離開或是安全出境。沒道理為了愛國而讓自己的財務承受不必要的致命打擊。**有選項，你就有選擇。沒有選項，你**

就沒得選擇。隨時確保自己在各方面都有選項。

在財富跟許多其他事物中，你應該確保的是可在必要時自由旅行，自由居住在令你愉快又安全的地方，依據你公正的判斷，以最適合你及你社會的方式管理財務。保障這些自由、這些選項的辦法，是持有由兩個不同國家發出的兩本合法護照，在兩個司法獨立的國家擁有合法居留權、境外銀行帳戶、境外控股公司或加工生產公司。

順帶一提，資產和收入的保護措施其實很像保險。你不會在房子付之一炬之後才投保火險，你是在沒有失火的時候投保，以免哪一天發生火災。但千萬別忘了，支付公平的稅金來維持政府的健全，符合你的利益。即使你發現自己可以規避全部課稅，自願繳納約十％的收入充當稅金對你有利。

❀　我是富裕。我是豐盛。我是喜樂。❀

開心地繳納你應該分攤的公道稅金。稅金維持社會的命脈和正常運作。至於怎樣才算公道，你自己判斷。自古以來，聖賢和導師教導世人十％是公道的金額。連宗教的經文也建議類似的十一稅制。從數學來說，十％也是對所有相關單位最適當的比率。

❀　我是富裕。我是豐盛。我是喜樂。❀

對於你的收入，想法子確保你繳納約十％的收入當稅金，捐出約十％給慈善機構，另外抽出十％投入會成長、可累積財富的長期投資。然後運用剩下的七十％生活、成長、享受人生。**將錢用在享受人生的額外好處是當你花錢買東西，你同時也讓別人富裕！**

當你富裕很多以後，需要用在生活的收入百分比可能會降低，你就可以提高捐贈和投資。這些自古流傳下來的比率，目的是讓你跟你的世界都能得到成長和富裕的最佳機會。

❀ 我 是 富 裕 。 我 是 豐 盛 。 我 是 喜 樂 。 ❀

個人帳戶和公司帳戶都要記得清清楚楚。要知道自己的金錢狀況，錢用在哪裡、錢從哪裡來。精通任何事物的第一步是要知道這件事物，不知道你的錢流到哪裡會對你不利。如果你的支出大於進帳，維持你的生活或說維生，將會拖垮你。你不能規劃、分析你不知道的事情。

要小心管理你的財務。不是要你錙銖必較或凡事吝嗇。別因為精確地記錄自己的財務狀況而變成吝嗇鬼，或相信金錢供應有限的人。記帳不是別的，就是記帳而已。

❀ 我 是 富 裕 。 我 是 豐 盛 。 我 是 喜 樂 。 ❀

跟明智的顧問、同事、員工為伍。聰明人隨時都有更聰

明的顧問。在各個領域都要有聰明的顧問，比方說生意、會計、稅務、法律、信託基金、投資等等。付他們好價碼，他們績效好的話也付錢，他們值得領分紅獎金時就給他們。記住，**富裕通常流向擁有正確知識的人，但得到這份富裕的人自己不見得要具備知識**。富人經常是召集知識淵博者來組成團隊的人，儘管富人本身可能不具備那些知識。

❈ 我 是 富 裕 。 我 是 豐 盛 。 我 是 喜 樂 。 ❈

學會讓你的努力倍增。一個很棒的方法是大量把工作分派出去。幾乎每件工作都交給別人辦。人人都有特定的獨特能力。但在其他方面，他們跟別人就有很多共通點。例如，愛因斯坦的特殊才華是在物理領域，那是他最與眾不同的地方。但在其他方面，他跟別人差不多。他走路、寫字、看東西、打掃房子、做其餘的日常雜務，表現只比我們好一點或差一點。假如有一天，愛因斯坦堅持一手包辦他的所有「事」，從思考物理學、到繪製誰都會畫的圖表、再到掃地都自己來，那他能夠用在發揮獨特才華的時間會銳減，能從中施展的身手也就有限。**一個人獨一無二的才華，就是讓這個人跟世界變得富裕的特質**。

富人通常誠實地看待自己，知道自己做什麼最開心，也知道自己有哪些比別人強很多的本事。這是誠實的檢視。你的專長也許是策略規劃、行銷、創新、園藝、飛行、潛水或

任何事。或許你也精通許多其他技能，說不定還比多數人強一點，但那不重要。真正的問題是：你有什麼優越的本領？不只是好，而是卓越超群？剩下的唯一問題是：什麼是你真心樂在其中、欲罷不能的事？別說：「我比我請的清潔工更會擦地板。」就算是真的，對你的志向也幫不上忙。**唯一要緊的是，你有什麼遙遙領先他人而且讓你樂此不疲的本領。然後只做那件事，其餘每件事都分派給別人做。別擔心別人會把這些事做得比你差。**

想像如果比爾·蓋茲試圖包辦微軟公司的大小事會怎樣？那對他或我們其他人有什麼好處？比爾·蓋茲那樣的人會專注在自己最厲害、最陶醉的事物上，他把其餘的事發派給別人，就算其中有些事他自己做得比幫手或員工好。此外，那樣的人了解在很多事情上，別人比自己強很多。分派工作使你的心力和成果都倍數成長。你的想法和目標，要包括把生意裡幾乎每件事都分派給別人做，**只留下你領先群倫而且你最樂在其中的事自己做（就算只是創造新點子）。**

你愈能把事情交給對的人去做，你的生產力愈能提升，進而更富裕。

❖ 我是富裕。我是豐盛。我是喜樂。❖

提高你得到點子的速度。 每天至少抽出幾分鐘，看看書和雜誌。要能看快一點，你接觸愈多新想法，愈好。去找

速讀的課程或書籍。想找好書，可以用亞馬遜網路書店的讀者評分看看像你一樣的讀者，覺得哪些書對他們的生活很實用。閱讀各個生活領域的雜誌，好對世界有廣泛的認識。最棒的是雜誌裡面有圖像，圖像可滋養你的想像力和目標。

❀ 　我 是 富 裕 。 我 是 豐 盛 。 我 是 喜 樂 。 ❀

另一個看待創造金錢的角度，則是思想的變化使宇宙改變交換能量的方式。倒不是說你可以憑著這一點討生活，只是要你明白一旦你改變想法，就能讓宇宙能量重新安排，使財富增加。我們從歷史看看這是怎麼運作的。

幾千年前，人類是狩獵者和採集者。那是危險又前途未卜的生活。想要穩定、安全的欲望令人類開始思考：為什麼我每天都得在荒野追著山羊跑？於是，有了把羊關在家裡馴養的點子。現在，人類不再在草原上天天追捕羊群，而是將羊群集中關在圍欄裡，用跟草原一樣的草餵養牠們。即使在這個新點子出現前，大量的青草、土地、羊始終在那裡；但沒人想到要改變作法，馴養羊隻。這個點子只是令不同形式的能量改變交換的方式。對過好日子的欲望引發了一個想法，想法則引發生活水準改善，而且是運用一向都在那裡的相同素材。思想模式的改變帶來這個變化。

接著，人類想取得自己需要卻沒有的物品，以進一步減少生活的辛苦。初期的辦法是跟擁有那些東西的部落開戰。

然後，他們想要安全地取得這些物品，於是他們有了交易的點子。再一次，他們只是改變想法就改善了生活，使各種形式的能量交換出現變化。

交易制度是很好。唯一的問題是他們得帶著羊長途跋涉，到下一個村莊交換一袋小麥。想要擁有快捷的交換方式的欲望帶來另一個點子，與其每個人四處跋涉，大家不如在中間點碰頭，各自展示全部的貨物、進行交易。於是有了市集。再一次，仔細想一下。構成市集的全部元素一向都存在，但可以那樣做的點子就不是了。**想改善的欲望引發了一個點子，點子使能量改變交換形式**。記住有一條法則說：**能量不生不滅，只是改變形式**。市集不是從天上掉到這些人頭上的。他們只是改變了思想模式，事情就成了。

現在，希望交易能夠更快的欲望，使我們有了貨幣市場和股市交易。想像以前交易者必須用半天時間走路到市集，賣一頭牛，再走回家。然後有了貨車，農民載好幾頭牛到市集以後，時間還夠他回家載第二批牛到市集。然後有了期貨和選擇權交易，讓人可以幾秒就完成幾千頭牲畜的期貨和選擇權買賣，用不著早起或搬運任何一頭牛！但這都不是從天而降的。一切元素都在那裡。大家只是有了不同的欲望，欲望使無限的協調力發威，引發幾十個看似無關的事件，終至建立高科技期貨和選擇權市場，沒必要在交易時搬運牛隻。

我們沒辦法預料一連串的事件必須以怎樣的順序發生，才能得到令交易更快速、利潤更高的結果。但因為欲望存

在，大自然就實現了我們的欲望。不過暫且讓我們回到過去。農業革命發生了，想要更多財富的欲望，讓人有了改良農業的方法。再一次，他們只是懷抱欲望，欲望引發了想法，而一向都在那裡的東西便重新安排。沒有東西從天上掉下來。即使在那個年代，一個國王也要經歷三代才能建立寬敞的家園，積聚相當的財物。一般人連想都不敢想自己可以有一棟有幾個房間的房子，擁有令生活便利的設施，那是國王和王后的專利。

現在，生活不一樣了。我們生來就從觀察認定，我們本來就應該都有房子住，我們本來就應該都有衣服穿，以及其他以前王公貴族專屬的某些東西。有些你連想都沒想過會欠缺的東西，以前的人可是要辛苦打拚好幾代才能有呢。**我們具備他們沒有的篤定。**

這裡的重點是：**明白在個人層次及眾人層次的篤定，影響力很大。篤定的想法使能量出現巨大的位移，重新洗牌。**若是想法的篤定度跟改善某件事物的欲望都大幅上揚，總會導致能量形式重新大洗牌，創造出更好的生活。

以資訊科技浪潮興起為例。比爾‧蓋茲等等幾百位年輕人在極短的時間內，賺到龐大的財富。沒幾年就累積了數百億美金的身價，以前要四個世代才能做到相同的成績。其他剛從大學畢業的年輕人看到他們的先例，覺得自己也行。他們很多人都這麼相信。不久，各式各樣的新興行業紛紛出籠。每天都有幾十位二十幾歲的年輕人成為千萬富翁。

但那幾年裡，可沒有從天上掉下新的東西。一切只靠巨大的欲望、信念、想法的改變。然後，一直以各種形式存在的能量，便重組成許多不同的新形式，帶人向財富前進。

幾百萬個現代人，日子過得比以前的國王們舒服，要不了多久，幾十億的普通人生活會比現在的千萬富翁愜意。而且不會有什麼新的事物從天而降。我們只是有改善生活的欲望，篤定度更上層樓，因為我們現在開始明白一切是怎麼運作的。我們將會修正想法，一切便會以無法預料的重大方式自然發生。

所有需要存在的東西已經都在這裡了，我們擁有一切。只要欲望存在，構成我們周遭萬物（包括我們的身體）的能量封包，就有無限的能力，可以組成無限多個想像不到的形式。它們有自己的智能，會以我們想像不到的技能遵從我們的欲望。要是你分析任何物質，不論是光、思想、心智、肉身，統統是以「聚集」成為原子、細胞等等形體的能量封包組成。但這些能量封包的不可思議之處，在於它們跟自己建構的那些形體不同，它們不受時空限制。亦即，它們可從A點移到B點，而不用跨越中間的距離。它們也不是幽禁在它們建構的物體內。

也就是說，現在構成你手指的能量封包，跟幾秒後的能量封包不會一樣。它們可以在你的手指閃現，片刻後又在另一個人的肚子或你家的一顆燈泡閃現。或可說，你沒有自己專屬的能量封包。其實，它們實際上跟你想像中的粒子不一

樣。你一直都隨時跟每個人、每件事物共享這些封包。它們可以在時間中向前或向後「旅行」。這就是我們跟所有物質的構成成分，即以特定的閃動模式構成形體樣貌的能量封包。指定這些特定模式的資訊部分來自我們的想法，部分則是其餘宇宙的想法。

所以，醫學界現在發現我們的想法跟我們的健康狀態息息相關。科學界則發現，只要你觀察事物，這件事物就沒辦法不受觀察者影響，因為觀察者的期待和想法會影響他們觀察的事物。

金錢絕對連結到我們的想法、欲望、篤定、歷史，現在科學可以向你證明這一點。**最符合你利益的作法是提升你自己跟世界的富裕意識。你富裕起來，世界會跟著富裕，而世界變富裕，則讓你致富又省力很多。**看看歷史就能證明了。

❀　我 是 富 裕 。 我 是 豐 盛 。 我 是 喜 樂 。　❀

建立富裕的一大關鍵是讓金錢為你工作，而不是你替金錢工作。如果你一週工作五天，收入全部用完，沒投資半毛錢，那五天的工作就永遠白費了。富人每天抽出一部分收入投資會自己成長的投資標的，這些標的會自動成長，毋需另外費心照顧，就會長期替你賺錢。如此，每天有一部分時間你為金錢工作，這筆錢則在日後許多年替你工作。這是致富的一大關鍵：**每天抽出一定比例的收入，讓這筆錢替你工**

作，你則不用介入。

　　作法是在繳稅跟付帳單之前，先抽出至少十％的日常收入，投入至少三年左右的長期投資。優良的投資標的包括股票、共同基金、利率高且超過通貨膨脹率的某些銀行帳戶種類、房地產投資工具、債券、會孳生權利金的資產、可自行維持營運的生意等等。這些投資不要求你為金錢工作。你只是投資，擺著別管，錢就會自己增生。

　　即使是一元，有了相當的複利，過了一定的年數之後，就能變成一百萬。一元，只要一元，就能自己變成一百萬，不勞你插手。你或許會驚喜地知道單單是一塊錢，若是投入年成長率是二十％的投資工具，七十五年後就會變一百萬。那只是一元！你唯一要做的就是別動它，閃一邊，去睡個七十五年的覺，別動它就好。等你回來，錢就變一百萬了，完全不必你做什麼，只要你在一開始時投入那一塊錢的投資！

　　現在，如果你天天在這個年成長率二十％的投資投入一元，得到一百萬的時間是三十二年後，不是七十五年。事實上，一天一元會在六十六年後變成十億。較高的利率會大幅縮短時間。

　　可見起步的年紀永遠不嫌小。**不論你現在收入多少，逼自己養成習慣，在拿錢付帳單、繳稅或做任何事之前，抽出十％來投資。先付給自己：這是你的錢、你的人生。**還有更厲害的呢。一九九〇年代是股市大漲的年代。在那十年，

超過兩百檔股票漲了一○○○％，有的是二○○○○％。很多檔股票在二○○一年又跌了，但以長期來說，優質的企業總會重振雄風，甚至突破之前的高點。一九九○年代的人投資金額不一，因此發了一筆財。有的人一週只投資五十元，如果這是他們收入的十％，這個金額就夠了。這筆錢會長大。有的人投資較多。在一九九○年代初期一口氣砸下一萬美元買某幾支股票，等到一九九○年代結束時，價值已變成約五百萬。有的人在同一時期，將幾百萬元變成遠遠超過十億。這些財富成長都沒有動用額外的心力付出就實現了，只有一開始時拿錢投資而已。

這些人沒有暗中做什麼事，就是公開投資現有的投資標的。他們在股市精選股票，然後投資。這誰都辦得到。你也行，就從現在起。只要記住，**慎選投資標的，持之以恆地投資，每次領到薪水或其他收入時，都撥出十％。持之以恆是關鍵。複利會永遠為你效勞，不要求你任何付出。你唯一要做的是持之以恆，選擇優質的投資標的，安於長期投資。**短期投資的獲利通常不如長期，風險則通常高很多。

❀ 我 是 富 裕 。 我 是 豐 盛 。 我 是 喜 樂 。 ❀

稅賦與政府。我們需要政府，這是肯定的。沒有政府的話，以我們現階段來說，社會將沒有能力策畫基礎建設、治安等等。但世界上有浪費的政府或管控太多的政府。政府不

會只因為它是政府就永遠是對的，而是會訂立我們應該支付的適當稅率，並且明智地運用這筆錢，不浪費。因此，基於我們的最大利益，你我要釐清我們需要支付多少稅金。我們需要維持政府的命脈和健康，也要照顧好自己，稅額不能大到我們剩餘的錢不夠投資跟享受生活，政府卻錢太多，浪費在建造大規模破壞性武器之類的活動。

世界各國政府徵收的稅率從零到八十％不等。繳稅通常是一個人金額最高的單筆支出。每個國家的專業稅務顧問都可以幫忙你規劃，幫你合法將稅額降到最低。邱吉爾曾經說過，誰都沒有法律或道德義務，將自己的財務安排成政府可以挖走最多錢的形式。我個人相信的魔法比例是十：十：十：七十，亦即十％繳所得稅，十％給慈善機構，十％用於長期投資，七十％則給你享受生活和花用，畢竟這正是生命的目的，你是來享受人生的，不是來吃苦的。

用在政府的錢低於十％會使政府無以為濟，但超過的話，就會給政府太多錢。比如，就是因為我們付的錢太多，以致出現了太多對我們沒有實質幫助的致命核武。軍事支出是世界各國政府總支出中最大的一項。但軍事支出不會在經濟體制中流通，對我們的益處不如其他的支出。一枚造好了卻從不發射的核子飛彈是死錢。只放在發射井裡等待發射。可是在發射那一天，卻造成更大的破壞。不管怎麼看，武器只讓我們處於恐懼狀態。預防戰爭的辦法不是停止製造武器，而是消弭疆界、分裂和經濟差異。美國各州要不是在兩

百年前統一，現在的美國會脆弱很多，也比較不穩定。在各州建立聯邦體制之前，美國境內有內亂跟旅行、商業的障礙。

一旦你以稅金的形式繳納十％的收入給政府，別忘了還要捐出至少十％給慈善機構，從事可以提升社會、進而提升你自己的事。至少抽十％投資長期的優質標的。然後享受並花用其餘的部分！

花用金錢時要愉快，你的開銷使別人的收入增加，推動經濟。想像萬一大家不再花錢會怎樣！**我們花用愈多，交換的能量愈多，我們大家愈富裕**。一開始，有些人會覺得有點難實踐這套十：十：十：七十的新作法，因為他們一領到錢不是立刻花完，就是幾乎一文不剩，沒有按照最佳稅率安排他們的財務。但要不了多久，就可以輕鬆地把這些習慣，調整成符合這套新的分配方式。

❀ 我 是 富 裕 。 我 是 豐 盛 。 我 是 喜 樂 。 ❀

了解資產和債務的實際差異，是致富的另一個關鍵。資產是指可為你創造淨富裕或淨收入的任何事物。任何東西若是從你口袋拿錢，然後放回更多錢，就算是資產。債務是做不到這件事的任何事物。任何東西若是從你口袋拿錢，然後放回的錢較少，就是債務。根據這個定義，一般人認為是資產的事物有些實際上是債務。有貸款的房子是債務（房子是銀行的資產）。車是債務，車子耗用掉的現金，大於車子給

你的回饋。

　　富人的資產顯然大於負債。那太明顯了。你想，如果你的債務大於你實際的資產，那還叫富裕嗎？

　　資產為富人孳生富裕。分析你的生活，按照我們的定義，將生活的每件事物重新分類為資產或債務。**永遠讓資產超過債務，否則你的財力將是零或負數（債）。這是很簡單的公式。**

　　購買債務沒有不對。確實，依據我們的新定義，很多在生活裡最令人快活的東西，漂亮的房子、船、車，都屬於債務。但這些東西令生活愉快。因此儘管享受吧，但絕對不要讓我們前面定義的那種債務，超過我們前面定義的那種資產，否則你的財務就會變成負數。結餘永遠要維持在正數。如果你想要那間舒適的房子，得到房子的作法是先努力取得報酬率足以支付房貸的資產。然後用它支付房子的款項。因此先取得資產，用資產來償還債務。

　　對了，不要把自己算作資產。找個工作、賺錢繳房貸不是辦法。那叫做為錢工作，那通常是既不健康又危險的陷阱。**你的錢應該永遠為你效勞。你動用心力和勞力在兼差或正職賺來的錢，要用在投資和取得資產。**接著，這些資產與投資會孳生收入，不勞你插手，錢就會自己生錢，為你購買債務。**不要為債務工作。為資產工作，然後讓資產為你的債務工作。**

　　如果現階段你不知道該怎麼做，就去找書跟顧問，由他

們告訴你以你的情況，你能怎麼做。要取得或建立的優良資產包括股票、共同基金、利率高且利率超過通貨膨脹率的某些銀行帳戶種類、房地產投資工具、債券、會孳生權利金的資產、可自行維持營運的生意之類。

我是富裕。我是豐盛。我是喜樂。

不論你想知道什麼，能夠給你相關知識的好書或人都存在。書的話，網路書店是找書的優良起點。至於其他資訊，用谷歌搜尋引擎查一下，通常就能找到你要的資訊。在現今這個年代，我們什麼都不缺。說真的，我們一向都不缺什麼，短缺只是我們自己捏造的。

我是富裕。我是豐盛。我是喜樂。

活出奢華的生活。記住，生命是展現在外的心智畫面。持續改善你的本我和環境，置身在具備奢華、美麗本質的事物之間。很多心智畫面是由周遭事物構成的，所以應該要有心智畫面的美好來源。奢華、健康的環境與自然會衍生更多富裕，因為那會孕育出較高級的心智畫面。在自在、愉快的前提下，盡可能活得奢華。

我是富裕。我是豐盛。我是喜樂。

照顧大自然，大自然是生金蛋的金雞母。不論快慢，都不要污染或破壞環境。那是在殺害讓你得以存在的同一個本源。記住因果律，這是運行不輟的法則。人類以為自己可以毀掉環境並全身而退，通常是謀一己私利，因為遭殃的是未來的世代。因果律從不出錯。就跟你會呼吸一樣肯定，你種什麼因就會得什麼果，不論是正果或苦果。我們唯一不知道的是果實會以什麼方式、在哪裡、在何時出現。栽下好的種子，你會大豐收。

❀　我是富裕。我是豐盛。我是喜樂。❀

　　金錢是一股價值的能量，就跟所有能量一樣，生來就是為了流動，需要保持流動才能存活。愉快地協助金錢流動，錢就會被你吸引過來。

❀　我是富裕。我是豐盛。我是喜樂。❀

　　提供別人需要的服務。增加他們的價值。我們來塵世就是要為彼此服務，扮演協助彼此成長的助手。盡你的能力做到這件事，錢會自動流入。

❀　我是富裕。我是豐盛。我是喜樂。❀

對自己說並深深相信：「錢愛我，我愛錢。」你講得愈自在、喜悅，不感到愧疚，這句話對你來說就會是真的。要是你浮現罪惡感，找出原因，問自己那原因有幾分真實，以及原因是從哪來的。你對金錢愈自在、歡迎金錢、愛錢，你會愈富有。

我是富裕。我是豐盛。我是喜樂。

錢是容許自由、愛自由的能量。錢會前往自由之地，以及給予金錢自由的地方。守財奴跟吝嗇鬼雖然拚命留住錢，卻讓自己最難取得並留住錢。

我是富裕。我是豐盛。我是喜樂。

享受金錢！

我是富裕。我是豐盛。我是喜樂。

不要追逐金錢、為錢效勞，不要被錢奴役，也不要試圖囤積金錢。與錢同在，跟錢維持自由、放鬆的關係。感激錢，愛錢，享受錢的功用與特質，亦即給人自由及價值的流動。錢、價值，是能量。相似的能量會相吸，不相似的能量會互斥。因此，你內在的能量屬性和振動如果跟金錢一樣，你就

會吸引金錢。作法就是要快樂、自由、施予、有豐盛的心。

❀ 我 是 富 裕 。 我 是 豐 盛 。 我 是 喜 樂 。 ❀

金錢喜歡富裕意識，樂於與富裕意識為伍。金錢喜歡跟愛錢、享受錢的人在一起，就跟萬物一樣，金錢會在自己喜愛的環境下倍增、欣欣向榮。

❀ 我 是 富 裕 。 我 是 豐 盛 。 我 是 喜 樂 。 ❀

把錢當成活的「人格體」看待。對待金錢，要像對待一個好朋友。

❀ 我 是 富 裕 。 我 是 豐 盛 。 我 是 喜 樂 。 ❀

你提供愈多價值，比方藉由販賣有價值的貨物和服務、教別人怎樣取得價值和富裕、購買別人的產品和服務、分享等等，透過因果律回到你身邊的錢愈多。

❀ 我 是 富 裕 。 我 是 豐 盛 。 我 是 喜 樂 。 ❀

每天固定撥出幾分鐘研究生命、富裕跟你的專業。

❀ 我是富裕。我是豐盛。我是喜樂。 ❀

若是一個人在一段時間內做了價值一百萬的生意，三人同心協力賺到的錢就會大大超過三百萬。和睦共處時，整體會比個別的總額大。找志同道合的人加入你的生意，來使你的心力和收入倍增。

❀ 我是富裕。我是豐盛。我是喜樂。 ❀

面對金錢要舒服、要自在，談論金錢，要像對待一位親密的朋友那樣對待金錢、要愛它。抱持這樣的態度，就會吸引金錢。怕錢或不肯愛錢，會把錢趕跑。

❀ 我是富裕。我是豐盛。我是喜樂。 ❀

有的人很難愛上金錢。但要吸引金錢，你得愛錢才行。**要吸引任何事物，愛它是吸引它最快的辦法。**另一項事實是你會吸引你恐懼的事。當你畏懼金錢，你不會吸引金錢，你吸引到的是金錢令你感到害怕的地方。

有人說愛錢是錯的。他們常說：「錢是萬惡淵藪。」分析這句話。對金錢本身的愛不是邪惡的。那頂多是惡行的根源。金錢本身也不是邪惡的，但可能引發覬覦、貪婪，進而犯罪。愛錢是完全健康的，只要你不讓這份愛發展成貪婪和

犯罪。事實上，不只是錢，對任何事物的愛若是誤入歧途，都可以是邪惡的根源。人類為了所愛的情人、財產、宗教而殺人。但愛你的情人、財產或信仰，並沒有邪惡之處。錯的絕對不會是愛，或是被愛的那件東西。只有以不健康的方式表達愛造成的後果，可能被視為錯誤。

因此，儘管去愛錢吧，真心誠意地愛錢，可是要小心，別讓那份愛變成貪婪和妒忌。要愛錢。錢會移向最愛錢的人。

錢是可愛的東西。錢是對豐盛的聲明，而非匱乏。豐盛是本源的自然狀態。錢讓人得以自由地將心思放在生活的其他事物上。生命是奇妙的，充滿那麼多我們尚未探索過的事物。錢讓你自由探索你之前沒機會探索的生命領域。金錢也讓人有能力表達他們的愛、去分享、去創造、去提攜別人。愛錢，錢就會愛你。

❀ 我 是 富 裕 。 我 是 豐 盛 。 我 是 喜 樂 。 ❀

關於財富，擁有幾種收入來源是很重要、很根本的關鍵。為你的生活建立幾種收入來源。這方面的好書所在多有。多種收入來源是你財務自由的關鍵。那體現了你那有活力、自由、多面向的本質。

更精準的說法是，確保每個收入泉源都是一門生意，而不是一份差事。差事是指你人必須在場，這份差事才可以替你賺錢。一門生意則是一旦設立以後，用不著你在場，也會

持續運作或成長。差事需要你去做,生意不用,這是差別所在。有的生意實際上是差事。你可能擁有一門跟差事一樣的生意,需要你親自照料,你不時時照顧生意,生意就會垮。**差事會消耗你的時間和自由,生意給你時間和自由。**一個從幾門生意得到幾種收入來源的人,會有可以好好生活的自由時間,必要時也能設立更多生意。差事絕不會給人這樣的自由,不會給你享受多元生活層面的自由時間。因此要有多種收入來源,但確保每個來源都不必依賴你來運作,而且體質要好,不需你時時關注也能運作良好。

❀ 我 是 富 裕 。 我 是 豐 盛 。 我 是 喜 樂 。 ❀

趁著孩子還小,就教導他們富裕意識。

❀ 我 是 富 裕 。 我 是 豐 盛 。 我 是 喜 樂 。 ❀

記住,擁有不必靠你在場來維持產能的多種收入來源。想要擁有多種收入來源,只要有這樣的欲望,把這列入你的目標,觀想,開始買書和雜誌,跟人聊聊。接著,恰當的生意、投資、來源就會自動出現。在各方面,隨時都要有睿智的諮詢顧問,找個了解富裕意識又精通該領域的人給你意見和諮詢。也學會信任你的感覺,但不要信任情緒。追隨你的欲望。這很容易。

非常重要的是，**記住宇宙永遠給你符合你存在狀態和思想的東西，分毫不差**。這裡要看兩遍：如果你相信金錢具有很壞、不值得、邪惡、可恥之類的負面特質，同時你相信自己絕對沒那樣的特質，你就創造了內在衝突。你給宇宙的訊息是你「很好、很正面」，而錢「很壞、很負面」。因此，為了實現你矛盾的訊息，宇宙會給你矛盾的結果，結果你得到一點點錢。你必須真心誠意地認為自己的「價值」跟你給金錢的「評價」一致。如果你相信自己是「好」人，就真心相信金錢是「好」東西。反之亦然。相信自己是好人而金錢是壞東西的人，錢會很少。相信自己是壞人而好人才會有錢的人，則會沒有錢。覺得自己愛錢而錢也愛他們的人，也就是錢跟他們一樣是全「好」或全「壞」，是會得到錢的人。

永遠記住，你相信豐盛，就會擁有豐盛；不相信豐盛，就不會擁有豐盛。你必須設法仔細理解宇宙的豐盛。看見豐盛，感覺到豐盛，了解豐盛，成為豐盛。你想什麼，你的存在狀態是什麼，你就會得到什麼，分毫不差。你愈常想到短缺、相信短缺，愈會面臨短缺。你愈常想到豐盛、相信豐盛，自會得到豐盛。

❇ 我 是 富 裕 。 我 是 豐 盛 。 我 是 喜 樂 。 ❇

在其餘情況不變之下，一個人或社會愈了解金錢，以生產力高且具有倍增效果的方式運用金錢，愈能富裕和快樂。

本書簡單概述了如何處理富裕意識的物質層面問題。金錢和生意的具體層面涉及諸多學問，完全視你的商業興趣而定。aHappyPocket.com 網站上提供不少連結和免費資源，可供你起步所需。世界各地也有許多相關書籍，現行的商業主題幾乎都有專書，因此要處理富裕的物質層面問題時，絕對可以找到你需要的資訊。**你正在閱讀的這本書，主要是帶你量子跳躍到富裕的源頭，也就是富裕意識的非物質層面，這是很多人經常忽略或沒覺知到的。**結合你現在對富裕意識的知識跟適當的書籍，以及你根據個人的人生目的和事業搜羅到的資訊，不可能富裕不了，也不可能失敗。

好了，我們已經走回起點，這場富裕意識的旅程已近尾聲。但這不是終點。生命是永恆、無限的。在每一條真相的盡頭，是新真相的起點。這種追尋永遠沒有盡頭，路只會愈走愈寬廣、愈愉快。你嶄新的美麗旅程才剛開始，這不是終點，但永遠記住要保持平衡。你對擴展富裕意識的追尋，要跟擴展其他方面的追尋平衡。享受人生，享受你在人世的時間。唯有保持平衡，你才能找到真正的喜樂、真正的豐盛和富裕。

你在等什麼？是什麼讓你卻步？你可以成為你想像中最大放異彩的你。沒錯，就是最大放異彩的版本。不論現在那看起來有多荒誕，一切都是你可以輕鬆達成的。把握當下，就在現在。你沒有等待的理由，也不能去怪誰。大放異彩，不論你選擇怎樣大放異彩，就在此刻、此地！

國家圖書館出版品預行編目 (CIP) 資料

富裕，屬於口袋裝滿快樂的人：22 堂吸引財富和幸福的能量課程，讓整個宇宙動起來幫助你！/ 大衛．卡麥隆．季坎帝 (David Cameron Gikandi) 著；謝佳真譯 . -- 二版 . -- 新北市：李茲文化有限公司 , 2023.06
　面；　公分
ISBN 978-626-95291-4-8(平裝)

1.CST: 個人理財 2.CST: 金錢心理學

563　　　　　　　　　　　　　　　　　　112006490

富裕，屬於口袋裝滿快樂的人：

22 堂吸引財富和幸福的能量課程，讓整個宇宙動起來幫助你！

作者：大衛・卡麥隆・季坎帝 (David Cameron Gikandi)
譯者：謝佳真
責任編輯：莊碧娟
主編：莊碧娟
總編輯：吳玟琪
出版：李茲文化有限公司
電話：+(886) 2 86672245
傳真：+(886) 2 86672243
E-Mail: contact@leeds-global.com.tw
網站：http://www.leeds-global.com.tw/
郵寄地址：23199 新店郵局第 9-53 號信箱
　　　　　　P. O. Box 9-53 Sindian, New Taipei City 23199 Taiwan (R. O. C.)

定價：420 元
出版日期：2015 年 10 月 01 日初版
　　　　　　2023 年 06 月 01 日二版
總經銷：創智文化有限公司
地　址：新北市土城區忠承路 89 號 6 樓
電　話：(02) 2268-3489
傳　真：(02) 2269-6560
網　站：www.booknews.com.tw

Change & Transform

想 改 變 世 界 · 先 改 變 自 己

Change & Transform

想 改 變 世 界 · 先 改 變 自 己